IBAES **Vol. XVII**

Internet-Beiträge zur Ägyptologie und Sudanarchäologie
Studies from the Internet on Egyptology and Sudanarchaeology

Steffen Wenig

Untersuchungen zur Ikonographie der Darstellungen der meroitischen Königsfamilie und zu Fragen der Chronologie des Reiches von Meroe

Publiziert unter folgender WWW-Adresse (URL):
http://www2.rz.hu-berlin.de/nilus/net-publications/ibaes17

Berlin / London **2015**

Title published by
Golden House Publications
London 2015
http://www.goldenhp.co.uk

Der vorliegende Band enthält die Textfassung der im Internet veröffentlichten Arbeit von Steffen Wenig „Untersuchungen zur Ikonographie der Darstellungen der meroitischen Königsfamilie und zu Fragen der Chronologie des Reiches von Meroe". Die aus dem Format PDF gedruckte Textfassung entspricht der im Internet unter der Adresse abrufbaren Originalfassung.
Bei Zitierung der Arbeit ist bitte immer die URL der Originalfassung anzugeben (zum Zitieren von Internetpublikationen allgemein siehe das Vorwort von IBAES I):

> Wenig, Steffen, Untersuchungen zur Ikonographie der Darstellungen der meroitischen Königsfamilie und zu Fragen der Chronologie des Reiches von Meroe, IBAES XVII, Internetfassung: URL: http://www2.rz.hu-berlin.de/nilus/net-publications/ibaes17, Berlin, 2015, Printfassung: GHP, London, 2015

Abbildung auf der Titelseite:
Krone des Königs ARNEKHAMANI auf dem Löwentempel von Musawwarat (Zeichnung: Georg Herz).

Printed in the United Kingdom

ISBN 978-1-906137-42-7

IBAES **Vol. XVII**

Internet-Beiträge zur Ägyptologie und Sudanarchäologie
Studies from the Internet on Egyptology and Sudanarchaeology
Herausgegeben von Martin Fitzenreiter, Steffen Kirchner und Olaf Kriseleit

Steffen Wenig

Untersuchungen zur Ikonographie der Darstellungen der meroitischen Königsfamilie und zu Fragen der Chronologie des Reiches von Meroe

Berlin / London **2015**

Inhalt

Vorwort zur Druckausgabe

Martin Fitzenreiter hat es dankenswerterweise übernommen, ägyptologische und sudanarchäologische Dissertationen und Habilschriften, die in der DDR verfasst wurden und für die damals kein Druckzwang bestand, sukzessive herauszugeben. Bisher erschienen in der Reihe *Internet-Beiträge zur Ägyptologie und Sudanarchäologie* (IBAES) die Dissertationen von J. Hallof, P. Andrassy und I. Hafemann sowie die Habilitationen (Dissertation B) von E. Endesfelder und W.-F. Reineke. Weitere werden folgen.[1] Als ich schon vor Jahren mit der Idee zur Herausgabe dieser Arbeiten konfrontiert wurde, war ich sehr angetan, aber als dann die gescannte Version Mitte Mai 2011 vorlag, kamen mir doch Bedenken, denn es hatte auf dem Gebiet der Sudanarchäologie seit 1963, dem Jahr der Fertigstellung der vorliegenden Dissertation, erhebliche Fortschritte gegeben. Es kam hinzu, dass Teile der Arbeit später von mir publiziert wurden. Dass ich mich dann schließlich doch mit dem Gedanken einer späten Veröffentlichung der 1964 von der Humboldt-Universität zu Berlin angenommenen Dissertation zur Erlangung des Grades eines Dr. phil. wieder anfreunden konnte, geht darauf zurück, dass der ikonographische Teil unpubliziert geblieben war und dass dieses Thema unter den heutigen Bedingungen wieder aufgenommen werden sollte. Gerade die seinerzeit gebliebenen Lücken, das umfangreiche neue Material, vor allem aus Meroe und aus Naga, sowie die damals noch unpublizierten Reliefs des Löwentempels aus Musawwarat es Sufra, all das könnte vielleicht angehende Sudanarchäologen interessieren, das Thema erneut zu bearbeiten. Mir erscheint es sehr lohnenswert, denn gerade hier könnten Erkenntnisse gewonnen werden, die der Forschung einen neuen Impetus verleihen würden, dessen sie wahrlich bedarf.[2]

Mit der Erfahrung von 50 Jahren Beschäftigung mit sudanarchäologischen Fragen würde ich heute natürlich Vieles anders formulieren, auch weiteres Material einbeziehen, manche damaligen Aussagen infrage stellen. Aber ich habe am Text nur offensichtliche Schreibfehler[3] und an wenigen Stellen auch Formulierungen korrigiert. Lediglich das Wort „Meroe" habe ich dort durch „Kusch" ersetzt, wo nicht die Stadt gemeint war. Kleine strukturelle Umstellungen sind nur vorgenommen worden, um eine bessere Lesbarkeit zu erreichen, sonst aber wurden der Tenor und die Gliederung belassen. Auch Notizen, die ich im Laufe der Jahre in mein Exemplar eingetragen

[1] Die Dissertation von Ingeborg Müller, Die Verwaltung Nubiens im Neuen Reich, ist 2013 in der Reihe *Meroitica* als Band 18 erschienen.

[2] Die Fortschritte der Sudanarchäologie werden gut sichtbar in der Sammelpublikation *Die Kulturen Nubiens – ein afrikanisches Vermächtnis* (Hrsg. St. Wenig & K. Zibelius-Chen), die 2013 im J. H. Röll Verlag Dettelbach erschienen ist.

[3] Auch die Rechtschreibung wurde beibehalten.

hatte, habe ich kaum verwendet. Letztlich wäre eine neue Arbeit entstanden, aber das sollte ja nicht das Ziel sein. Ich habe auch die Namensschreibungen belassen und Angaben von Regierungslängen beibehalten, obwohl das heute nicht mehr üblich ist, um den Charakter der Dissertation nicht zu verändern.

Allerdings erschien es mir ratsam, an einigen Stellen Begriffe, die ich damals verwendete und durch eigene Arbeiten und neue Erkenntnisse mittlerweile ersetzte, kenntlich zu machen. An diesen Stellen sind in eckigen Klammern Fußnoten hinzugekommen, deren Text in kursiv abgesetzt wurde, um die Einfügungen deutlich zu machen.

Dies betrifft zum Beispiel den Begriff „Röhren". Es sind damit jene von den meroitischen Herrschern an den Unterarmen getragenen Schmuckteile gemeint, die ich später „Stulpen" nannte. Aber auch dieser Begriff ist nicht exakt genug. Ähnliche Objekte sah ich in Äthiopien, wo sie „Armmanschetten" genannt werden. Dazu ist ein Aufsatz in MittSAG 23 erschienen.

Das, was ich als über der Brust gekreuzte Bänder ansah, stellte sich später als die „Falkenjacke" heraus, über die Ludwig Borchardt einen Artikel verfasst hatte, der mir damals unbekannt geblieben war.

Alle Teile aus der Dissertation, die nach 1964 von mir publiziert wurden, sind im Folgenden nach dem Zeitpunkt ihres Erscheinens aufgelistet.

1) Bemerkungen zur Chronologie des Reiches von Meroe, in: Mitteilungen des Instituts für Orientforschung (MIO) 13 (1967), 1–44, Berlin.

2) Die meroitische Statuengruppe CG 684 im Ägyptischen Museum zu Kairo, in: Meroitic Newsletter (MNL) 3 (1969), 13–17.

3) Das Relief eines meroitischen Königs aus der ehem. Sammlung M. Rosenberg, in: Meroitic Newsletter (MNL) 3 (1969), 18–24.

4) Arensnuphis und Sebiumeker. Bemerkungen zu zwei in Meroe verehrten Göttern, in: Meroitic Newsletter (MNL) 13 (1973), 71–72.

5) Nochmals zur 1. und 2. Nebendynastie von Napata, in: F. Hintze (Hrsg.), Sudan im Altertum (= Meroitica 1 (1973), 147–160), Berlin.

6) Ein ‚neuer' alter Königsname, in: Studien zum antiken Sudan. Akten der 7. Internationalen Tagung für meroitische Forschungen vom 14. bis 19. September 1992 in Gosen/bei Berlin (= Meroitica 15 (1999), 678–684), Berlin.

7) Einige der in der Dissertation beschriebenen Objekte wurden 1978 in die Ausstellung *Africa in Antiquity* aufgenommen.

In dem dazu erschienenen Katalog[4] hatte ich aus gegebenem Anlass neu recherchiert und dabei zusätzliche Informationen publiziert: Es betrifft dies das „votive tablet“ des Königs TANYIDAMANI, Kat. Nr. 121, die Stele des Königs AMANIKHABALE, Kat. Nr. 122, das „tablet“ des Arikankharer, Kat. Nr. 125, die Kairener Gruppe CG 684, Kat. Nr. 135, die Goldstatuette vom Gebel Barkal, Khartoum SNM 5457, Kat. Nr. 137, mehrere Ringe aus dem Goldschatz der Königin Amanishakhete, Berlin.
Falls der Leser an diesen Objekten speziell interessiert sein sollte, wird ihm das Lesen dieser Katalogtexte empfohlen.

Was die ikonographischen Beschreibungen anlangt, so habe ich in meiner Schrift *Die Darstellungen am Löwentempel von Musawwarat es-Sufra. Untersuchungen zu Ikonographie, Inhalt und Komposition der Reliefs*, Berlin 1979 (Dissertation B = Habilitationsschrift), publiziert als *Die Darstellungen. Untersuchungen zu Ikonographie, Inhalt und Komposition der Reliefs,* in: *F. Hintze et al., Musawwarat es Sufra, Bd. I.1. Der Löwentempel, Textband, Berlin (1993), 74–227,* methodisch all das nachgeholt, was in der Dissertation versäumt wurde. Damit war aber lediglich das 1964 noch unpublizierte Material des Löwentempels von Musawwarat es Sufra behandelt worden.

Eigene weiterführende Arbeiten zu in der Dissertation behandelten Themen sind:

1) Meroitische Kunst, Paper presented at the Journées Internationales d'Etudes Méroïtiques, 10.–13. juillet 1973, Paris.

2) Die Kunst im Reich von Meroe, in: C. Vandersleyen (Hrsg.), Das Alte Ägypten. Propyläen Kunstgeschichte, Bd. 15, Berlin (1975), 412–427.

3) Meroitische Kleinkunst, Leipzig 1978.

Es bleibt auf dem Gebiet der archäologisch/kunsthistorischen Betrachtung des Kunstschaffens des Reiches von Kusch in der meroitischen Periode noch viel zu tun, denn eigentlich stehen wir immer noch ziemlich am Anfang einer Aufarbeitung.

Zum Schluss gilt mein Dank dem damaligen Ordinarius für Ägyptologie der Universität Leipzig, Siegfried Morenz, der sich seinerzeit der Mühe unterzogen hatte, die Arbeit zu lesen und mit Randglossen zu versehen. Ebenso danke ich Mike Reinke und Uta Siffert, die das Manuskript digitalisiert und für diese Publikation redaktionell betreut haben.*

Steffen Wenig

Berlin, im Sommer 2011

[4] Africa in Antiquity II. The Arts of Ancient Nubia and the Sudan. The Catalogue. Brooklyn 1978.

* *Aufgrund weiterer Verzögerungen, für die ich als Reihenherausgeber verantwortlich bin, hat sich die endgültige Publikation bis 2015 hingezogen. Martin Fitzenreiter*

Vorwort

Obwohl die Darstellungen auf den Kapellenwänden der Pyramiden von Barkal und Meroe schon seit mehr als 100 Jahren bekannt sind, wurden sie noch nie einer zusammenhängenden Betrachtung unterzogen. Einige Beschreibungen gab lediglich Budge, während Reisner die Reliefs für die Chronologie der meroitischen Könige herangezogen hat, ohne seine diesbezüglichen Untersuchungen aber im Einzelnen zu publizieren. Da die Quellen zur Geschichte des Reiches von Meroe recht begrenzt sind, bestehen in Einzelheiten zahlreiche Lücken, zumal wir die meroitische Sprache bislang noch nicht verstehen. So wurde in dieser Arbeit der Versuch unternommen, anhand einer ikonographisch-stilistischen Untersuchung der Flachbilder die verschiedenen künstlerischen Einflüße festzustellen, um auf diesem Wege zu einer besseren Beurteilung der meroitischen Kunst und zu neuen historischen Ergebnissen zu gelangen, die im Teil 2 und 3 niedergelegt sind. Dabei ergab sich, daß die seinerzeit von Reisner aufgestellte Chronologie in ihren wesentlichsten Zügen gegen spätere Modifikationsversuche bestätigt werden konnte. Im Rahmen dieser Arbeit war es mir nicht möglich, die zahlreichen religiös-historischen Aspekte eingehend zu untersuchen. Nur gelegentlich konnten Hinweise gegeben werden.

Der Verfasser ist sich darüber im Klaren, daß die vorliegende Untersuchung keine Vollständigkeit erzielen konnte, da ein Teil des noch vorhandenen, aber bislang nicht publizierten Materials an Ort und Stelle einer eingehenden Prüfung zu unterziehen ist. Erschwerend kommt noch hinzu, daß wir hauptsächlich auf Zeichnungen von Lepsius angewiesen sind, die vor mehr als 100 Jahren angefertigt wurden, teilweise fehlerhaft sind und besonders auf stilistische Fragen keine verläßliche Auskunft geben.

Die Anregung zu dieser Arbeit verdanke ich Herrn Prof. Dr. Fritz Hintze und einem Aufenthalt in Meroe anläßlich der Butana-Expedition 1958 des Instituts für Ägyptologie der Berliner Humboldt-Universität. Ich möchte ihm auch an dieser Stelle meinen besonderen Dank sagen für die Hilfe und zahlreichen Anregungen, die er mir gab. Dank schulde ich auch den Staatlichen Museen zu Berlin, die mich drei Jahre lang durch die Gewährung eines wöchentlichen Studientages unterstützten, sowie Herrn Georg Herz, Berlin, der mir den größten Teil der beigefügten Zeichnungen anfertigte.

Einleitung

Die künstlerischen Erzeugnisse der Meroiten sind bisher ausschließlich von ägyptologischer Seite betrachtet und bei Vergleichen mit der pharaonischen Kunst recht einhellig als „barbarisch“ bezeichnet worden.[5] Bei dieser Beurteilung hat man sich von den Äußerlichkeiten der meroitischen Kunst leiten lassen, ohne sich aber mit ihrem Wesen und ihrer Bedeutung näher zu beschäftigen. Sie war in ihren Grundlagen zwar ägyptisch, doch zeigte sie sich auch anderen Einflüssen aufgeschlossen und wurde dadurch zu einer Mischform besonderer Prägung.

Mit einer ästhetisierenden Wertung allein, bei der zum Vergleich die klassische ägyptische Kunst herangezogen wurde, die aber selbst bereits zu diesem Zeitpunkt in einem Abstieg begriffen war, werden wir der Bedeutung dieser Kunst nicht gerecht, die Anregungen von außen und einheimische Elemente in die erstarrende ägyptische Kunst auf nubischem Boden aufgenommen und verarbeitet hat. Hierbei führt gerade die Ikonographie zu aufschlußreichen kulturellen und historischen Erkenntnissen. Außerdem hat die meroitische Kunst auch nach Innerafrika ausgestrahlt und dort teilweise befruchtend gewirkt.

In dieser Mittlerrolle, die natürlich nicht nur auf die Bereiche der Kunst beschränkt blieb, liegt die historische Bedeutung des Reiches von Meroe (Kusch). Es stellte das erste große Staatengebilde Afrikas dar, in dem sich eine Kunst erst verhältnismäßig spät entwickelte.[6]

Besondere Leistungen vollbrachten die Kuschiten vor allem auf kulturellem und zivilisatorischem Gebiet. Das gilt, um hier nur Einiges zu nennen, für die unter wesentlich ungünstigeren Bedingungen als in Ägypten errichteten Steinbauten, die recht intensive Bearbeitung des Bodens, die Anlage großer Hafire, die umfangreiche Erdarbeiten erforderten, oder die Eisenbearbeitung, die in Meroe eine große Blüte erlebte, so daß man die Stadt das „Birmingham Altafrikas“ genannt hat.[7] Auch die Töpferkunst erreichte in diesem Lande, wo sie bereits auf lange Traditionen zurückblicken konnte,[8] eine weitgehende Vervollkommnung, ja sie übertraf in Bezug auf Formen und Dekor die ägyptische Keramik bei weitem. Und schließlich sei die Entwicklung einer eigenen Schrift genannt, die, wenn auch auf Anregungen von außen fußend, mit einer reinen Alphabetschrift von 23 Buchstaben gegenüber der ägyptischen Hieroglyphenschrift einen wesentlichen Fortschritt darstellte.

---

[5] U. a. von Schäfer, Von ägyptischer Kunst, 3. Auflage, 18 oben; Erman, Die Religion der Ägypter, 354f; Scharff, Handbuch, 629–30; G. Posener in: Knaurs Lexikon der ägyptischen Kultur, Nubien, 186.

[6] Ägypten gehört ethnisch und kulturell zum Kreis der Mittelmeervölker. *[Dieser Standpunkt ist heute überholt bzw. zu modifizieren. Ich verweise nur auf den afrikanischen Anteil. St. Wenig, Juni 2011.]*

[7] Sayce, LAAA 4, 1912, 55; Die Eisenbearbeitung ist möglicherweise aus Ägypten, wo sie im 7. Jh. v. Chr. durch griechische Kaufleute in Naukratis bekannt wurde (R. Moss, Iron-mines near Aswan, JEA 35, 1950, 192–93) oder direkt aus Griechenland übernommen worden.

[8] Z. B. in Kerma und Aniba.

Bei einer Betrachtung und Beurteilung der meroitischen Kunstwerke müssen wir die Frage aufwerfen, warum in einem kulturell so hoch entwickelten Land eine eigene, d.h. eine mit ausgesprochen eigenem Gepräge und individuellen Zügen ausgestattete Kunst fehlte. Die wenigen erhaltenen Kunstwerke an Reliefs, Plastiken und Architekturbauten, deren Qualität recht unterschiedlich ist, lassen erkennen, daß die Völker Nubiens und des Nordsudan, die schon unter afrikanischem Einfluß standen, auf diesem Gebiet längst nicht so schöpferisch tätig waren wie z. B. die Mittelmeervölker.[[9]]

In den zuerst nachgeahmten, später selbständig fortgeführten Arbeiten haben die Meroiten keineswegs die künstlerische Höhe wie in Ägypten erreicht.[[10]] Die erhaltenen Denkmäler sind nicht etwa Provinzialkunstwerke, sondern gehören fast ausschließlich zur offiziellen Hofkunst und wurden sicher von den besten vorhandenen Handwerkern des Landes geschaffen.

Für das Gebiet von Nubien und dem Sudan kommt aber noch das Fehlen einer eigenen künstlerischen Tradition hinzu. Zur Zeit der Vorgeschichte hatten Ägypten und Nubien einen annähernd gleich hohen Entwicklungsstand. Erst durch die politische Vereinigung Ober- und Unterägyptens war für dieses Land, durch das Zusammentreffen sehr verschiedener Elemente und die Forderung, diese zu einem Ausgleich zu bringen, die Gelegenheit zur Entstehung einer Hochkultur gegeben, die fast plötzlich entstand. Nubien dagegen, das nicht zum direkten ägyptischen Einflußbereich gehörte, war von dieser Entwicklung ausgeschlossen, es stagnierte kulturell und damit auch künstlerisch. Selbst die fortgeschritteneren der einheimischen Kulturen wie die von Kerma oder der C-Gruppe aus der Zeit des Mittleren und Neuen Reiches steckten noch tief in der „Vorgeschichte", obwohl es Ansätze zur Entwicklung einer eigenen Kunst gab.[11] Ägypten hatte, nachdem es Nubien in sein Einflußgebiet einbezog, kein Interesse, das Land und seine Kultur zu entwickeln, sofern es nicht als politisch notwendig erachtet wurde. Es drängte im Gegenteil auf eine immer stärker werdende Ägyptisierung des eroberten Gebietes und der ansässigen Bevölkerung, in erster Linie natürlich der Fürsten und ihrer Familien. Diese Ägyptisierung erstreckte sich auf alle Lebensbereiche, die Kunst, die Kultur und sogar die Religion einschließlich der Begräbnissitten. Die wenigen eigenen Ansätze gingen entweder verloren oder kamen unter der ägyptischen „Tünche" nicht mehr zum Ausdruck.

Als die ägyptische Herrschaft über den Süden wieder verloren ging, entstand bei Napata ein Reich, über dessen Entstehen wir kaum etwas wissen. Dessen Herrscher drangen vor 750 v. Chr. nach Ägypten ein und beherrschten es für weniger als 100 Jahre als die 25. Dynastie der „Äthiopen". Das Herrscherhaus übernahm von diesem Zeitpunkt an völlig das ägyptische Kulturgut, in erster Linie natürlich aus politischen Gründen, um vor dem ägyptischen Volk als legitim zu gelten, es gab die alten

---

[9] *Die Quellenlage hat sich seit den frühen 60er Jahren des 20. Jahrhunderts grundlegend geändert. Solch ein Urteil würde ich heute nicht mehr abgeben. St. Wenig, Juni 2011.*

[10] *Auch das sehe ich heute natürlich ganz anders. St. Wenig, Juni 2011.*

[11] Z. B. in Kerma, erkennbar u. a. an den Einlagen aus Elfenbein oder Marienglas mit zum größten Teil unägyptischen Motiven.

Grabformen (Tumuli) auf und verwendete statt derer Pyramiden, verehrte die ägyptischen Götter mit Amon-Re von Napata als oberstem Gott an der Spitze und errichtete ihnen zu Ehren an vielen Orten des Landes zahlreiche Tempel, so daß die „Äthiopen“ den Griechen als das frömmste Volk der Erde galten. Diese Assimilierung ging so schnell vonstatten, daß man annehmen könnte, die Kuschiten hätten bereits vor ihrem Betreten Ägyptens dessen Kultur übernommen, doch fanden sich bislang hiervon keine Spuren. Bemerkenswert ist die auffällige Tendenz der „Äthiopen“ zur Archaisierung, die in einer Hinwendung zu den klassischen Traditionen Ägyptens zum Ausdruck kommt, andererseits aber haben sie in der Kunst eigene Formen gefunden, die recht realistisch anmuten[12] und einen eigenen Stil offenbaren, der allerdings durch das plötzliche Ende der 25. Dynastie in Ägypten nicht voll zur Entfaltung kommen konnte. Als sich die Kuschiten in ihr Stammgebiet um Napata zurückziehen mußten, behielten sie die ägyptische Kultur und Kunst bei. Sie verehrten weiterhin die ägyptischen Götter, neben Amon auch Isis, Nephthys und Osiris, dessen Kult in der meroitischen Periode eine weitaus größere Rolle spielte, als bislang angenommen wurde. Osiris hatte dort eine ähnlich überragende Stellung wie im spätzeitlichen Ägypten,[13] wie u. a. auch aus der Stele des Harsiyotef hervorgeht, und Isis wurde auf Philae von Ägyptern und Kuschiten gemeinsam verehrt. Diesen Gottheiten errichtete man noch um die Zeitenwende und danach Tempel, und die Kapellenwände der Pyramiden dekorierte man zeitweise mit Darstellungen aus dem ägyptischen Totenbuch.

Bedeutsam aber ist, daß seit dieser Zeit, wo nur noch gelegentlich Impulse aus Ägypten, dem künstlerischen „Mutterland“, nach Meroe gelangten, Einheimisches in immer stärkerem Maße zum Ausdruck gebracht wurde. Besonders ersichtlich wird diese Tendenz durch die Darstellung meroitischer Götter, wie z. B. des Löwengottes Apedemak oder des Schöpfergottes Sbwjmkr[14], und das Verwenden einheimischer Kleidung wie des Königsornats seit ARNEKHAMANI bzw. bestimmter Insignien und Attribute, die allerdings meist in ihrer Urform auf ägyptische Vorbilder zurückgehen.

Haben wir in dieser Beziehung eine gewisse Weiterentwicklung der „meroitischen“ Kunst, wie wir diesen Mischstil seit etwa der Mitte des 3. Jh. v. Chr. zu nennen gewohnt sind, so ist gerade durch das Fehlen neuer Impulse aus Ägypten in den Grundlagen der Kunst, wie z. B. der Vorstelligkeit und der Richtungsgeradheit, eine Stagnation eingetreten. Das änderte sich auch nicht durch die zuweilen auftretenden Einflüsse aus Griechenland oder Rom.[15]

---

[12] So z. B. einige Köpfe des Königs TAHARKA, das Oberteil der Statue des Montemhet oder die Figur des Irigadiganen [*heute Iriketakana gelesen; St. Wenig, Juni 2011*], beide in Kairo.

[13] Vgl. Sauneron-Yoyotte, La campagne nubienne, BIFAO 50, 1952, 163, Anm. 5.

[14] Vgl. Hintze, Vorbericht Musawwarat, 449.

[15] Zu diesen Einflüssen gehören u. a. die Darstellungen von *en-face* sitzenden Gottheiten, z. T. mit bärtigem Gesicht oder Strahlenkranz (Löwentempel in Naga, Ring Berlin 1700, Siegesdenkmal des SHERKARER – vgl. aus dem ägyptischen Bereich z. B. Edgar, Greek Sculpture, Tfl. XXV, Kairo 27565), bei denen es sich wohl um Zeus Sarapis-Helios handeln wird.

Es kommt, vor allem auf den Kapellenreliefs, aber auch bei den Plastiken, teilweise zu einem Verlust des Formgefühls (diese Tendenz zeigt sich, allerdings nicht so stark, auch in Ägypten). Einige Königs- und Götterstatuen sind z. B. recht gedrungen, die Proportionen der einzelnen Körperteile zueinander werden nicht eingehalten, die Augen sind oft fast kreisrund und treten stark hervor, ein Merkmal, das wir in den frühen Stufen der griechischen und ägyptischen Kunst finden.

Weiterhin haben wir die Darstellungen von beleibten Königinnen, ein afrikanisches Schönheitsideal, das der Ägypter z. B. bei der Königin von Punt besonders hervorgehoben hat, die Vorliebe für überreichen Schmuck, das negroide Aussehen der meroitischen Herrscher, die später fratzenhaft wirkenden Gesichter in den Ba-Statuen, mit denen nicht immer, aber oftmals, ein künstlerisch handwerkliches Absinken der Qualität einhergeht.

Andererseits gibt es dagegen auch einige künstlerisch bedeutende Werke. Diese beschränken sich auffallenderweise (im Flachbild) auf Tempelreliefs, allerdings stammt das vorliegende Material aus der ersten Hälfte der meroitischen Epoche. Auch die Kapellenreliefs sind zu dieser Zeit meist noch gut gearbeitet, während der wirkliche Abstieg erst in den Jahrhunderten nach der Zeitenwende eintritt.

An hervorragenden Tempeldarstellungen sind in Bezug auf die Ausführung und die Komposition die beiden Löwentempel von Musawwarat und Naga, der Amuntempel von Meroe und der Kiosk von Wadi el Banat (Bauten der Könige ARNEKHAMANI und NATAKAMANI) zu nennen, bei denen die Flächen gut aufgeteilt sind und die Proportionen dem ägyptischen Kanon entsprechen. Inwieweit hier direkter ägyptischer Einfluß vorliegt, ist nicht zu sagen. Von ARNEKHAMANI ist bekannt, daß er zum ptolemäischen Ägypten enge Beziehungen unterhielt, wie u. a. die Übernahme des Namenszusatzes *ʿnḫ ḏt mry ʾIst* von Ptolemäus IV. beweist. Unter NATAKAMANI haben wir stark ägyptisierende Tendenzen (z. B. in den Reliefs vom Amuntempel in Naga, den Barkenuntersätzen von Wad Ban Naga oder dem Tempel in Amara), die sicher auf direkten ägyptischen Einfluß zurückgehen. Nichtsdestoweniger stammen sowohl Konzeption als auch Ausführung von Meroiten, da Ägypter den König und einige Götter wohl kaum in einer für sie fremden Weise dargestellt hätten.[16]

Für die letzten drei Jahrhunderte des kuschitischen Reiches sind wir lediglich auf die Darstellungen der Pyramidenkapellen, einige Opfertafeln und Ba-Statuen angewiesen, sofern nicht noch andere Werke, deren Datierung allerdings unsicher ist, in diese Zeit zu setzen sind, wie z. B. das weiter unten besprochene Relief aus der Sammlung M. Rosenberg. Wie schon erwähnt, wird jetzt das stetige Absinken der künstlerischen Qualität sichtbar, an der, wie auch in anderen Kulturen, der politische Zerfall eines Reiches erkennbar ist.

[16] Vom Motiv, weniger von der Ausführung her, sind noch die Szenen am Sonnentempel in Meroe zu nennen.

Als interessante Erscheinungen, die im Einzelnen nicht näher besprochen werden können, da sie den Rahmen dieser Arbeit überschreiten würden, seien folgende Besonderheiten erwähnt:

1. Wir treffen bei den Pyramidenkapellen oftmals auf libierende Gottheiten. Dieses Motiv ist uns aus Ägypten nicht bekannt.[17] Es ist aller Wahrscheinlichkeit nach die bildliche Wiedergabe von der Vorstellung, daß dem Osiris als oberstem Gott (zu dem der König im Totenreich wird) von den ihm untergeordneten Gottheiten wie Isis, Nephthys, Anubis u. a. Wasser gespendet wird.
   Einen Hinweis auf das Motiv spendender Gottheiten finden wir vielleicht in den griechischen Darstellungen des 5. Jh. und späterer Zeit. Die dort opfernden Gottheiten sind z. B. Apollon, Dionysos, Athena u. a.,[18] doch ist der dortige Zusammenhang ein völlig anderer als in Meroe, wo die libierenden Gottheiten ausschließlich in funerären Szenen erscheinen, während sie in Griechenland in der Hauptsache Illustrationen zu Göttermythen sind. Trotz dieser Verschiedenheit kann aber durchaus das bildliche Motiv unter entsprechender Umformung von Griechenland nach Meroe gelangt sein.
2. Eine weitere Eigentümlichkeit in der meroitischen Kunst ist die merkwürdig eingeknickte Haltung der beiden Gottheiten Nephthys und Anubis, die in dieser Art auf Opfertafeln und einigen späten Kapellenwänden vorkommen, während sie z. B. auf den Kapellenwänden der Pyramiden vom Typ A in der üblichen Weise dargestellt werden.
3. Andererseits findet sich ausschließlich bei den Pyramiden vom Typ A der Versuch, die Gottheiten Isis und Anubis zuweilen in Seitenansicht darzustellen, aber nur dort, wo sie am Anfang der Register stehen. Diese Seitenansicht fehlt dann, wenn sie inmitten einer Reihe von anderen Göttern stehen.
4. Eine künstlerische Besonderheit begegnet uns in einem Reliefblock aus dem Löwentempel in Meroe, auf dem mehrere Hütten dargestellt sind, von denen die vordersten Hütten dahinter stehende verdecken.[19] Von diesen sind nur Teile der Dächer sichtbar. Wir haben hier in diesem Relief eine Tiefe, die in ägyptischen Darstellungen völlig fehlt. Die dortigen Reliefs sind ausschließlich zweidimensional, während hier die dritte Dimension vorhanden ist. Darin liegt ein künstlerisch bedeutender Fortschritt gegenüber der traditionsgebundenen ägyptischen Kunst. Ob die Einführung der dritten Dimension, die in Meroe nur in

[17] Hiermit hat die Reinigungszeremonie des ägyptischen Königs nichts zu tun, bei der meist Horus und Thot den König mit Wasser übergießen. Vgl. Gardiner, The Baptism of Pharaoh, JEA 36, 1950, 3–12; Philae-Photo 332; Kawa II, Tfl. VI; Dakke, Tfl.80. Umgekehrt aber gibt es Darstellungen des Königs, der einem Gott Wasser spendet (z. B. dem Osiris: Kalabsche, Tfl. XXVII,A, XXIX,A, XXX,A und passim).

[18] Eckstein-Wolf, Zur Darstellung spendender Götter, in Mitt. d. Dt. Arch. Inst. Bd. V, 1952, 39–75; Simon, Opfernde Götter, Berlin 1953.

[19] Meroe, Tfl. XXI,6 (s. Tfl. XIIe).

diesem Relief belegt ist, auf griechischen Einfluß zurückgeht oder selbständig in Meroe als „Sehbild" (im Gegensatz zu den ägyptischen „Vorstellungsbildern") entstanden ist, läßt sich nicht entscheiden, da eine genaue Datierung des schlecht erhaltenen Reliefs z. Zt. noch nicht möglich scheint.

5. Mit Sicherheit haben wir griechischen Einfluß in zwei Darstellungen fliegender Göttinnen vorliegen. Sie erscheinen auf dem „tablet" des Arikankharer und in einem Graffito auf einer Wand des Tempels von Kalabsche, das sicher noch meroitisch ist.[20]

6. Auf die singuläre Darstellung einer unter dem Tisch kriechenden Göttin (oder Königin?) (Beg. N. 11, Südwand der Königin Shanakdakhete) machte bereits Lepsius aufmerksam.[21]

7. Auf der Nordwand derselben Pyramide hat der opfernde Priester mit der Seitenlocke und dem umgehängten Leopardenfell vier Arme.[22] Ob hierin eine Absicht des Bildhauers vorliegt oder ob es sich lediglich um eine nachträglich angebrachte Korrektur des Künstlers handelt, kann man anhand der Zeichnung allein nicht entscheiden. Hier würde eine Überprüfung des Originals Klarheit ergeben, das sich einer Notiz von Budge zufolge[23] jetzt im Museum von Khartoum befindet.

8. Eine weitere Besonderheit liegt in der Darstellung des mehrköpfigen Löwengottes Apedemak auf der Rückwand des Löwentempels in Naga. Es sind nur drei Köpfe zu sehen, einer *en-face* und zwei im Profil, doch ist anzunehmen, daß man sich diesen Gott mit vier Köpfen dachte, wobei der vierte Kopf im Flachbild aber nicht gezeigt werden konnte. Zudem hat der Gott vier Arme. Vycichl vergleicht diesen mehrköpfigen Apedemak mit Bildern indischer Gottheiten.[24] Er glaubt, daß der meroitische Künstler möglicherweise eine Schiwa-Figur sah, die zumeist drei Köpfe und vier Arme hat. Wir finden aber in Ägypten und Nubien des Öfteren mehrköpfige Wesen dargestellt, so daß man das Vorbild wohl doch in Ägypten suchen muß.
   Vielleicht aber ist die Vorstellung von einem mehrköpfigen Löwengott bereits uraltes Glaubensgut der Kuschiten. Unter den Einlagen aus Marienglas, die in Kerma gefunden wurden, befanden sich auch vier im Wappenstil angeordnete Löwenköpfe, die im Profil in zwei Reihen übereinander dargestellt sind.[25] Möglicherweise liegt hier mehr als nur ein Ornament aus vier Löwenköpfen vor. Bei den Trägern der Kerma-Kultur haben wir es sehr wahrscheinlich mit den

[20] Kalabsche, Tfl. LXXII B.
[21] LD Text V, 332; Jetzt im BM, No. 1054, vgl. PM VII, 247–48.
[22] Budge, Sudan I, 398; RCK III, 7 A.
[23] Ebenda, 398, Anm. 1.
[24] Hindu Influence in Meroitic Art? KUSH VI, 1958, 174–76.
[25] Reisner, Kerma IV, 272ff., pl. 56, 4.

Vorläufern der späteren Meroiten zu tun. Zu gleicher Zeit lassen sich auch die ersten meroitischen Personennamen nachweisen.

9. Auf der nördlichen Kapellenwand der Pyramide Beg. N. 6 der Königin Amanishakhete findet sich die in Meroe einzige Darstellung eines vierrädrigen Wagens.[26] Bei diesem Wagen, der in reiner Seitenansicht gegeben ist, scheint es sich um eine fahrbare Sänfte zu handeln. Auf dem (nicht sichtbaren) Untergestell befindet sich ein kastenartiger Aufbau (s. Tfl. XIIIa), darüber ein Aufsatz in Form eines Götterschreines mit einem Uräus am oberen Rand. Die Räder, bestehend aus zehn Speichen, und die beiden Achsen sind zur Hälfte von dem kastenartigen Aufbau verdeckt. Vorn und hinten befinden sich (wohl je zwei) lange Stangen, neben denen jeweils drei Männer (sicherlich Priester) stehen, die die Sänfte ziehen bzw. schieben.
Vierrädrige Wagen sind uns aus Ägypten seit dem Ausgang des Mittleren Reiches bekannt,[27] doch sind Nachweise darüber recht selten, so daß sie nicht häufig gewesen zu sein scheinen. Erst in hellenistischer Zeit wird der vierrädrige Wagen allgemein gebräuchlich, jedoch in erster Linie für kultische Zwecke.[28]

Bei der Zusammenstellung des Materials über vierrädrige Wagen aus Ägypten bezieht sich Dittmann auch auf das oben erwähnte Relief aus der Pyramide Beg. N. 6.[29] Er meint, daß es sich hierbei um „das Gefolge eines Leichenzuges“ handelt, das „das Zubehör der Grabausstattung herbeiführt“. Das vermag ich allerdings nicht zu erkennen und möchte doch sagen, daß wir es bei dem Gefährt eher mit einer fahrbaren Sänfte als mit einem Transportwagen zu tun haben, wofür schon allein der kastenartige Aufbau zu sprechen scheint. Auch sonst ist nichts von einem Leichenzug zu sehen. Rechts neben dieser Darstellung stehen zwei Personen mit Uräus an der Stirn, daneben zwischen Isis und Nephthys die Königin. Links vom vierrädrigen Wagen stehen, dem Wagen zugewandt, zwei Männer, hinter ihnen ein zweirädriger Wagen mit stelenartigem Aufbau (nach Dittmann wird hier eine Stele herangefahren), davor nach links gewendet ein Mann und zwei Frauen. Das Ganze macht keinesfalls den Eindruck eines Leichenzuges.

Die Beschäftigung mit den Denkmälern des antiken Sudan wurde, wie schon erwähnt, wegen der engen Beziehungen zu Ägypten immer von ägyptologischer Seite wahrgenommen. Die ersten Nachrichten über Altertümer aus dem Nordsudan stammen von Reisenden wie James Bruce (1772)[30] und Jacob L. Burckhardt (1814),[31] deren Interesse aber vorwiegend auf die Erforschung des Landes gerichtet war.

---

[26] Mehrrädrige (4 und 6) Wagen, die von Rindern gezogen werden, in Sanam (Griffith, Oxford Excavations in Nubia in: LAAA IX, 77ff., bes. pl. XXXII).
[27] Vgl. Dittmann, Der Segelwagen von Medinet Mâdi, in MDIK 10, 1941, 60ff.
[28] Vgl. z. B. vierrädrige Wagen, auf denen sich Barken mit dem Götterbild befanden: Weber, Ägyptische Terrakotten, 255–56, Nr. 468 (Berlin 20803), Textabb.128 sowie Textabb.127 (alexandrinische Münze).
[29] A. a. O., 67.
[30] Der Reisebericht von Bruce war mir leider nicht zugänglich.

Ihnen folgten der Engländer William J. Bankes (1815?), der seine Ergebnisse aber nicht veröffentlichte,[32] ebenso wie auch der Franzose Linant de Bellefonds, der im Auftrage von Bankes 1821–22 den Sudan bereiste und als erster Europäer wenige Wochen vor Cailliaud die bedeutenden Orte Musawwarat es Sufra und Naga aufsuchte.[33] Zu gleicher Zeit haben sich auch Waddington und Hanbury den Altertümern in Nubien gewidmet.[34] Die wirklich wissenschaftliche Erschließung zahlreicher Altertumsstätten von Nubien und dem Sudan verdanken wir dem Franzosen Frédéric Cailliaud,[35] der, von Haus aus Mineraloge, auf verschiedenen früheren Reisen den geschulten Blick für Altertümer erwarb und 1821–22 mit dem Heere Ismail Paschas nach Süden zog. Zusammen mit Pierre-Constant Letorzec hatte er in kurzer Zeit das ihm bekannt gewordene archäologische Material gesammelt, vermessen und beschrieben. Trotz der Fehler und Ungenauigkeiten, die ihm dabei zwangsläufig unterliefen, ist es sein bleibendes Verdienst, die Aufmerksamkeit auf das fast vergessene Reich im Süden Ägyptens gelenkt und Altertümer beschrieben und gezeichnet zu haben, die heute z. T. verschwunden und zerstört sind.

Nachdem Cailliauds Bericht in Europa bekannt geworden war, kamen immer mehr Reisende in den Sudan, darunter die beiden Briten Russell[36] und Hoskins[37], Prokesch Ritter von Osten, Pückler-Muskau[38] oder der italienische Arzt Ferlini,[39] um nur einige zu nennen. Letzterer war allerdings nur mit dem Wunsch gekommen, Schätze zu finden. Als seine Bemühungen bei den Pyramiden von Barkal vergeblich waren, zog er weiter nach Meroe, wo er begann, eine Pyramide von oben her abzutragen. In dieser Pyramide Beg. N. 6 der Königin Amanishakhete stieß er auf zwei im Mauerwerk angelegte Verstecke, in denen sich der Schmuck der Königin befand, der aus zahlreichen goldenen Ringen, Armbändern, Halskragen u. a. m. bestand. Ein Teil dieses Schmuckes wurde später für die Museen in Berlin und München erworben.[[40]]

Von außerordentlicher Bedeutung war die in jeder Hinsicht mit Recht so berühmt gewordene Expedition der Königlich-Preußischen Akademie in Berlin, die unter Leitung von Richard Lepsius stand und neben vielen Funden aus Ägypten und dem Sudan eine

---

31 J.L. Burckhardt's Reisen in Nubien, Weimar 1820.

32 Einige Zeichnungen publizierte Macadam, Gleanings, JEA 32, 1946, 57ff.

33 Sein Tagebuch wurde erst unlängst herausgegeben: M. Shinnie, Linant de Bellefonds, Journal d'un voyage à Méroé dans les années 1821 et 1822, Khartoum 1958.

34 G.Waddington and B.Hanbury, Journal of a visit to some parts of Ethiopia, London 1822.

35 Voyage à Méroé et au Fleuve Blanc, bes. Bd. III, Paris 1826.

36 Nubia and Abyssinia, New York 1833. [*Wie mir erst später bekannt wurde, hat Russell seine Erörterungen zum antiken Sudan nur aus bereits vorliegenden Publikationen zusammengetragen, er war nie im Sudan. St. Wenig, Juni 2011.*]

37 Travels in Ethiopia, London 1835.

38 Pückler-Muskau, Aus Mehemed Ali's Reich, 3. Teil, Nubien und Sudan, Stuttgart 1844.

39 Vgl. hierzu Schäfer, Goldschmiedearbeiten, Berlin 1910, 213ff.

40 *Siehe dazu jetzt K.-H. Priese, The Gold of Meroe. Berlin 1992. St. Wenig, Juni 2011.*

Unmenge von Zeichnungen, Kopien von Inschriften und Abklatsche mitbrachte, die er dann in seinem monumentalen Denkmälerwerk publizierte.[41]

Besonderen Wert haben für uns, um nur Einiges von dem Material auf nubischem Boden zu nennen, die Zeichnungen von Tempelreliefs aus Amara und dem Wadi el Banat oder von Kapellenreliefs von Pyramiden aus Barkal und Meroe, wo die Originale in der Zwischenzeit zerstört bzw. verschleppt worden sind, so daß man in weit größerem Maße als bei Cailliaud auf die Lepsius'schen Zeichnungen angewiesen ist. Leider haben Lepsius und seine Zeichner bei der Fülle der Aufgaben, die sie zu bewältigen hatten, manche Darstellungen recht vereinfacht und ikonographische Einzelheiten oft weggelassen, so daß das in dieser Arbeit vorgelegte Material schon aus diesem Grunde Lücken aufweisen muß, die bei einer Untersuchung der erhaltenen Reste an Ort und Stelle zum Teil zu schließen wären.

Nach der Expedition von Lepsius blieb der Sudan mit seinen antiken Denkmälern für nahezu fünf Jahrzehnte weitgehend unbeachtet,[42] bis sich dann gegen Ende des 19. Jahrhunderts Adolf Erman mit den meroitischen Inschriften beschäftigte.[43] Er fußte dabei auf Beiträgen von Birch, Reinisch und Brugsch, die allerdings die Forschung auf diesem Gebiet kaum vorwärts gebracht hatten. Erman ging bei seiner Studie von der bereits von Lepsius bemerkten Tatsache aus, daß auf dem Barkenuntersatz Berlin 7261 des NATAKAMANI und der Amanitere die Herrschernamen sowohl in ägyptischen als auch in meroitischen Hieroglyphen geschrieben waren. Eine Lösung des Problems gelang aber Erman ebensowenig wie dem Engländer Sayce, dessen Versuch einer Entzifferung der meroitischen Schrift gleichfalls zu keinem Resultat führte.[44]

Zu Beginn unseres Jahrhunderts begannen sich zahlreiche Ägyptologen, auch durch die infolge des Staudammbaues bei Assuan notwendig werdende wissenschaftliche Erforschung Nubiens, stärker den archäologischen Hinterlassenschaften des Reiches von Kusch zuzuwenden. Es wurden verschiedene Ausgrabungen durchgeführt, so unter anderem in der Stadt Meroe,[45] bei den dortigen Pyramiden,[46] in Karanog,[47] Faras[48] und Sanam,[49] an denen ausschließlich britische Archäologen beteiligt waren. Wichtige Beiträge zur Entdeckung von Altertumsstätten leisteten ferner die englischen Beamten und vor allem die Altertümerverwaltung des

[41] R. Lepsius, Denkmäler aus Aegypten und Aethiopien, Bd. I–VI [1849–1859].

[42] Mit Ausnahme von J. Dümichen, der auf einer Reise in den Sudan 1863 in Soba gegraben hatte und dabei die Inschrift auf einem Widder kopierte, die allerdings erst posthum (Zur Geographie des alten Ägyptens, Tfl. VI) herausgegeben wurde, sowie dem engl. Colonel Colborne, der 1885 zeitweilig in Kawa grub, ohne aber seine Ergebnisse zu publizieren (Macadam, Kawa II, 1–3).

[43] ÄZ 35, 1897, 152–165.

[44] Sayce, The Decipherment of the Meroitic Hieroglyphs, PSBA 31, 1909, 194–199 und weitere Aufsätze.

[45] Garstang u. a., Meroe. The City of the Ethiopians, Oxford 1911; Vorberichte in LAAA 3–7 (1910–1916).

[46] Budge, Egyptian Sudan I und II, 1907.

[47] Woolley and Randall-MacIver, Karanog, Philadelphia 1910.

[48] Griffith, Oxford Excavations in Nubia, LAAA VIII, 1921.

[49] Griffith, Oxford Excavations in Nubia, LAAA IX, 1922.

Sudan;[50] besondere Bedeutung aber hatte die fotografische Aufnahme sämtlicher Denkmäler in Nubien und dem Nordsudan durch den Amerikaner J. H. Breasted 1906–07.[51]

Nachdem durch die zahlreichen Ausgrabungen vor allem das Schriftmaterial um ein Bedeutendes erweitert wurde, konnte ein erneuter Versuch zur Entzifferung der meroitischen Schrift unternommen werden, der dann F. Ll. Griffith gelang.[52] Trotz der Lesbarkeit der meroitischen Texte bleibt uns ihr Inhalt noch immer weitgehend verschlossen, da die Sprache sich zu keiner anderen bekannten in Beziehung setzen läßt und bilingue Inschriften nicht entdeckt wurden.[[53]]

Den wesentlichsten Beitrag zur Geschichte des antiken Sudan und Nubiens leistete der amerikanische Archäologe G. A. Reisner, der durch seine systematischen und groß angelegten Grabungen bei Kerma[54] eine neue Kultur entdeckte und durch die Untersuchung der Pyramiden von Kurru, Nuri, Barkal und Meroe[55] einen vorläufigen Abriß der Geschichte dieses Landes gab, die bisher nur in wenigen Punkten zu revidieren und zu ergänzen war.

Seither geht die Beschäftigung mit der meroitischen Kunst, Kultur, Sprache und Geschichte ständig weiter. Grabungen in Kawa, Ballana, Qustul und Musawwarat es Sufra, um nur Einiges zu nennen, aber auch die z. Zt. stattfindende Erforschung Nubiens, das durch den neuen Staudamm bei Assuan weiter unter Wasser gesetzt wird, haben unsere Kenntnis von einzelnen Abschnitten der Geschichte dieses Landes bedeutend erweitert. Mit der Sprache befaßten sich Meinhof, Zyhlarz, Vycichl und Hintze, deren wichtige Arbeiten die Erforschung des Meroitischen bedeutend vorangetrieben haben, ohne sie aber bis heute voll zu erschließen. Bevor aber die Sprache nicht völlig verständlich sein wird, muß Vieles von dem, was nur durch sekundäre Quellen erschlossen wurde, mehr oder weniger hypothetisch bleiben.

[50] Crowfoot, The Island of Meroe, London 1911 und verschiedene Aufsätze in SNR.
[51] Breasted, The Monuments of Sudanese Nubia II, in: AJSL 25 (1908), 1–110.
[52] In Randall-MacIver and Woolley, Areika, besonders aber in Garstang, Meroe, und in Meroitic Inscriptions.
[53] *[Diese Situation hat sich nach den Forschungen von Claude Rilly geändert. St. Wenig, Juni 2011].*
[54] Reisner, Excavations at Kerma I–V, Cambridge 1923.
[55] Das Material wird z. Z. von Dunham publiziert in: The Royal Cemeteries of Kush, bisher Bd. I–IV, Boston 1950f.

1. Die Kapellendekorationen der Pyramiden von Meroe und Barkal

Die Könige von Napata und Meroe haben sich nach ägyptischem Vorbild Pyramiden als Grabmäler errichtet, die mit einer sehr kleinen Grundfläche wesentlich niedriger als die ägyptischen Königspyramiden sind und einen steileren Böschungswinkel haben. An ihrer Ostseite befinden sich kleine kapellenartige Vorbauten, deren Innenwände meist mit Reliefs, in wenigen Fällen auch mit heute nicht mehr erhaltenen Malereien versehen sind. Zum Vorbild dieser Pyramiden wurden die Oberbauten der Privatgräber genommen, die sich die Handwerker der thebanischen Totenstadt am Ende des Neuen Reiches in Deir el Medine anlegten.[56] Das erweist sich an den verschiedenen äußeren Merkmalen sowie an der Tatsache, daß in Kusch erst seit Kaschta[[57]] Pyramiden gebaut werden, während man vor dieser Zeit andere Grabformen (Tumuli) verwendete. Und da Kaschta (bestenfalls) die Thebais beherrschte, werden die unterägyptischen Königspyramiden des Alten Reiches auf keinen Fall als Vorbild gedient haben.

Die vorliegende Untersuchung der Kapellendekorationen erstreckt sich auf die Zeit nach dem Tode des NASTASEN bis zum Ende des meroitischen Reiches, während der man Pyramiden nur am Gebel Barkal und bei Meroe errichtete. Innerhalb dieser Epoche haben sich die Grundformen der Kapellen mehrmals gewandelt. Vier verschiedene Typen werden verwendet:[58]

Typ III = MASONRY, RECESSED DOOR
Beg. S. 4 (?), S. 10.

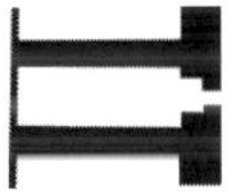

Typ IV = PYLON AND RECESSED DOOR, MASONRY OR BRICK
Bar. 11, Beg. S. 6, S. 5, N. 4, N. 7 ... bis N. 17, N. 18, N. 19, Bar. 1, 2, 3, 4, 6.

[56] Steindorff-Wolf, Die thebanische Gräberwelt, 55; Wolf, Die Kunst Ägyptens, 557 und Abb. 543. Doch fanden sich auch in Nubien selbst (Aniba) Ziegelpyramiden als Gräber von Ägyptern aus der Ramessidenzeit (Steindorff, Aniba II, 40, 47ff.). Auch sie könnten als Vorbild für die Königspyramiden der Kuschiten gedient haben.

[57] *Es war Piye, von dem die erste ‚wahre' Pyramide stammte. St. Wenig, Juni 2011.*

[58] Typenbezeichnung nach Dunham, RCK IV, Chart 1.

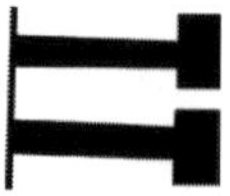

Typ V = SIMPLIFIED PYLON, MASONRY, RUBBLE OR BRICK
Beg. N. 36 (bereits in Nuri zweimal verwendet).

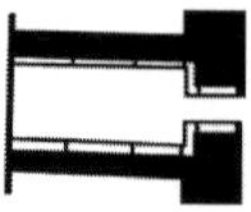

Typ VII = MASONRY-LINED BRICK WITH PYLON
Beg. N. 40 (?), N. 28, 29, 32, 30, 51, 27, 26, 25.

Während die Formen III, IV und V bereits in Nuri verwendet wurden, wird der Typ VII erst in spätmeroitischer Zeit eingeführt. Bei einigen Kapellen fügte man Vorbauten an, so bei Beg. N. 11, N. 12 und den späten Pyramiden N. 18, N. 28, N. 29 (?), N. 19 (?), N. 30, N. 38 (?), N. 36, N. 24, N. 26, N. 25 sowie Bar. 2, 4, 6. Dieser Vorbau besteht aus einem offenen Hof, vor dem sich ein Pylon befindet.

Die Reliefs

Die drei Innenwände sind mit Reliefs, seltener mit Malereien ausgeschmückt, die sich auf den Totenkult der Verstorbenen (König bzw. Königin, seltener Prinzen) beziehen. In den überwiegenden Fällen entsprechen sich die Darstellungen auf den beiden Seitenwänden. Ausnahmen machen nur die Pyramiden Beg. N. 1, N. 5 und N. 17.

Der verstorbene, zu Osiris gewordene Tote sitzt auf einem Löwenthron, ausgestattet mit den königlichen Insignien (bzw. bei nichtregierenden Königinnen mit den ihnen entsprechenden Attributen). Hinter ihm hält die Göttin Isis ihre Flügel schützend ausgebreitet. Vor dem Verstorbenen befinden sich Darstellungen verschiedener Art, deren Inhalt sich im Laufe der Zeit mehrmals änderte. Dadurch lassen sich die Pyramidenreliefs anhand der übereinstimmenden Szenen in drei Typen (A–C) einteilen und geben uns neben dem archäologischen Befund ein weiteres Mittel zur Einordnung der Pyramiden in die Hand. Bedauerlicherweise weist das Material beträchtliche Lücken auf, da viele Kapellen zerstört oder nur noch in Bruchstücken erhalten sind. Die nachfolgende Liste stellt das benutzte Material mit Angabe der Quelle zusammen:

Pyramide	Name	Königs-Nr.	Wand	LD V	RCK III	Br.-Foto	Bemerkungen
Bar.11	(ARYAMANI)	28	N.				RCK IV, Pl.IIIB,
			S.				Phot.Bost.
							C7014
Beg. S. 6	ARAKAKAMANI	31	N.	54a	3 D	674	
			S.	-	24 A	675	
Beg. S. 4	Kanarta	-	N.	52a	3 A	664	Hoskins, pl. 10
			S.	52b	3 B	666	
Beg. S. 5	AMANISLO	32	N.	53c	3 F	667/68	
			S.	-	3 G + 24 B	671	
Beg. S.10	Bartare	-	N.	54c	4 A	676	
			S.	54d	4 B		
Beg. N. 4	AMAN...TEKHA	33	N.	-	-		
			S.	45b	4 D		
Beg. N. 7	ERGAMENES	35	N.	35/36	4 E	614/15	Hoskins, pl. 12
							Bankes XVI.B.5
			S.	37/38	5 A	611–13	(=RCK III, 30 A)
							Hoskins, pl. 11
Beg. N.10	Prinz ?	-	N.	-	20 A + 26 E–F	620	
			S.	-	20 B + 29 A,B,C	619	
Beg. N. 8	(ADIKHALAMANI)	37	N.	T.V.303	5 C		
			S.		5 D + 25 A		
Beg. N.11	(Shanakdakhete)	38	N.	30/31	7 A		Khartoum No. 5207
			S.	32/33	7 B	629/31	Brit.Museum No. 719

Beg. N.12	König	39	N.	-	10 A + 26 A+B	639/40	
			S.	27	10 B	636/37	
Beg. N.13	(NAQRINSAN)?	40	N.	-	11 A + 26 C		
			S.	-	11 B + 26 D		
Beg. N.20	(TANYIDAMANI)	41	N.	T.V. 295	-		RCK IV, pl. XXIX C,D[1]
			S.	Ergb.pl. LX	12 B		
Beg. N.21	((...KHALE))?	42	N.	T.V. 294/5			
			S.				
Beg. N.14	((...AMANI))?	43	N.	T.V.296/97			
			S.				
Beg. N. 2	(AMANIKABALE)	44	N.	-	15 A + 27 A+B	591/92	
			S.	-	15 B + 27 C+D	589/90	
Beg. N. 6	Amanishakhete	45	N.	41b	16 A	608A+608	
			S.	41a	16 B	605–607	
Beg. N. 5	Prinz Arikankharer	-	N.	43	19 A	599/601	Bankes XVI, B.3 (= RCK III, 32 C), z. T.
			S.	44	19 B	596/97	Khartoum Nr. 2337–9
Beg. N. 1	Amanitere	-	N.	46	18 D	587	Bankes XVI.B.2 (= RCK III, 32 A)
			S.	47d	18 E	583–85	Bankes XVI.B.1 (= RCK III, 32 B)
Beg. N.22	NATAKAMANI	46	N.	-	-	646	
			S.	25b	18 B	645	

Beg. N.15	((PISAKAR))	48	N.	28a			Nach Dunham „Chapel destroyed".
			S.	T.V. 296			
Beg. N.16	AMANITARAQIDE	49	N.	Ebd., 316f.			Nach Dunham „Late reconstruction of chapel *inside* pyramid".
			S.				
Beg. N.17	AMANITENMEMIDE	50	N.	51b	21 A	-	Prop. Weltgesch. Leipzig Nr. 1688. Im Kriege zerstört.
			S.	51a	21 B	-	z. Z. Berlin Nr. 2261
Beg. N.18	Amanikhatashan	51	N.	-			
			S.	51c	21 D		
Beg. N.40	(TERITNIDE)	52	N.	T.V, 319			
			S.				
Beg. N.28	TEQERIDEAMANI	53	N.	48a	21 F		
			S.	48b	21 G		
Beg N.41	(ADEQETALI)	55	N.	T. V, 319			Nach Dunham „Destroyed in Budge's excavations".
			S.				
Beg. N.29	TAKIDEAMANI	56	N.	T.V, 313			Nach Dunham „Chapel reliefs destroyed".
			S.				
Beg. N.19	TAREKENIWAL	57	N.	T.V, 313f.			Westl. Teil in Leipzig. Nr. 1689. im Kriege zerstört.
			S.	50a	22 A		

Beg. N.32	(Amanikhlalika)	58	N.	50b	23 A		
			S.	-	23 B		
Beg. N.36	ARYESBEKHE	62	N.	-	23 D	658	
			S.	-	29 D	657	
Beg. N.51	König	63	N.	-	23 E+E		Jetzt in Boston.
			S.	-	23 F		Jetzt in Boston.
Beg. N.27	König	66	N.	T.V, 312			
			S.				
Beg. N.24	((YESBEKHEAMANI))?	67	N.	T.V, 311			Nach Dunham
			S.				„Chapel destroyed".
Beg. N.26	((Lakhideamani))??	68	N.	T.V, 311/12	23 G		
			S.				
Beg. N.25	((MALEQEREBAR))?	69	N.	T.V, 311			Nach Dunham „Only
			S.		23 H+29 E		S.wall now preserved".
Bar.2			N.	Ergbd. pl. LIX	14 E		
			S.				RCK IV, Pl. VIII, E.
Bar.3			N.	23a	14 A+31 C		Bankes XV.A.2 (= RCK III, 31C)
			S.	23b	14 B+31 D		Bankes XV.A.1 (= RCK III, 31D)
Bar.4			N.	22a	13 C+31 A		Bankes XV.A.4 (= RCK III, 31A)
			S.	22b	13 D+31 B		Bankes XV.A.5 (= RCK III, 31B)

Prinz	N.	21	6 A	Hoskins, pl.29 Bankes XV.A.9 (= RCK III, 30B)
	S.	20	6 B	Bankes XV.A.8 (= RCK III, 30C)
Naldamak	N.	19a	13 A+30 G	RCK IV, Pl. IX.E; Bankes XV.A.10 (= RCK III, 30G)
	S.	19b	13 B+30 H	RCK IV, Pl. IX,F; Bankes XV.A.11 (= RCK III,30H)

Die Pyramiden von Barkal und Meroe sind aufgrund der Kapellendekorationen folgenden drei Typen zuzuordnen:

TYP A

31. ARAKAMANI	Beg.	S. 6	31,1 Kanarta	S. 4
32. AMANISLO		S. 5	32,1 Bartare	S.10
33. AMAN...TEKHA		N. 4		
34. (ARNEKHAMANI)		N. 53[59]		

TYP B

37. (ADIKHALAMANI)	N. 8	36,1 Prinz	N. 10
38. (Shanakdakhete)	N. 11		
39. König	N. 12		

TYP B-1

35. ERGAMENES	N. 7

TYP B-2

40. (NAQRINSAN)?	N. 13
41. (TANYIDAMANI)	N. 20

TYP B-3

44. (AMANIKHABALE)	N. 2	Bar. 6
48. Amanishakete	N. 6	Bar. 2
		Bar. 4
		Bar. 3
		Bar. 1

[59] Die Zuweisung dieser schon in meroitischer Zeit verschwundenen Pyramide zum Typ A wird wahrscheinlich durch die Form der Grabkammer (Typ V c), die sich von Beg. N. 7 an (VI) ändert.

TYP C

49. NATAKAMANI N. 22

54. Amanikhatashan N. 18

55. (TERITNIDE) N. 40

56. TEQERIDEAMANI I N. 28

58. (ADEQETALI) N. 41

59. TAKIDEAMANI N. 29

65. ARYESBEKHE N. 36 Nordwand

69. König N. 27

70. ((YESBEKHEAMANI))? N. 24

71. ((Lakhideamani))? N. 26

72. ((MALEQEREBAR))? N. 25

TYP C-1

51. ((PISAKAR)) N. 15

52. AMANITARAQIDE N. 16

53. AMANITENMEMIDE N. 17

TYP C-2

60. TAREKENIWAL N. 19

61 (Amanikhalika) N. 32

65. ARYESBEKHE N. 36 Südwand

66. König N. 51

1.1. Typ A

Der (die) Verstorbene sitzt auf einem Löwenthron, in der einen Hand, die auf dem Oberschenkel liegt, hält er (sie) eine Geißel, in der anderen, erhobenen einen Stab (König) bzw. einen Lotusblütenstrauß (Königin). Hinter ihm (ihr) steht die Göttin Isis, doch nur halb bis zwei Drittel so groß wie der/die Tote. Sie hält in beiden Händen Maat-Federn und breitet ihre Flügel schützend aus. Vor dem Verstorbenen befinden sich Götter und Diener mit Opfergaben, in drei Registern übereinander dargestellt (s. die Skizze auf Tfl. IA).

Register 1

Die oberste Reihe beginnt mit einem Opfertisch, auf dem u. a. Blumensträuße liegen. Dahinter steht Anubis, libierend, es folgen Diener mit 0pfergaben.

Register 2

Am Anfang des zweiten Registers steht eine libierende Isis. Sie ist größer als die folgenden Gottheiten und ragt teilweise in die oberste Reihe hinein. Ihr folgen fünf (bei Pyr. Beg. S. 4, Nordwand: sechs) Götter. Voran schreitet Thot mit Schreibzeug und Pinsel in der Hand, dann folgen Horus, Anubis, Chnum (bei Pyr. Beg. S. 5, Nordwand: Chnum, Anubis) und Geb (die sechste Gottheit auf der Nordwand von Pyr. Beg. S. 4 ist nur im unteren Teil erhalten und deswegen nicht bestimmbar), alle bis auf Thot libierend.

Register 3

Das unterste Register beginnt mit einem Flüssigkeit spendenden Anubis, dem verschiedene Diener mit Opfergaben folgen.

Ägyptische hieroglyphische Beischriften finden sich vor allem auf den Wänden der Pyramide Beg. S. 4, die bei den anderen Pyramiden teilweise oder gänzlich fehlen.

Abweichungen:

Die Kapellenwände von Pyr. Beg. S. 10 der Königin Bartare weisen in den Darstellungen einige Abweichungen auf. Auf der Nordwand sitzt die Königin nicht auf einem Löwen-, sondern auf einem einfachen Thron. Sie hält in der Linken einen Lotosblütenstrauß und in der Rechten ein *ˁnḫ*-Zeichen (statt der Geißel). Auf der Südwand ist die rechte Hand nach vorn ausgestreckt, die linke hält die Geißel. Hinter ihr steht statt der geflügelten Isis eine kleine weibliche Person, die (auf der Nordwand) beide Hände betend erhoben hat bzw. (auf der Südwand) nur die linke, während die rechte herabhängt. Auch die drei Register mit den Opferdarstellungen unterscheiden sich.

Register 1

beginnt mit einer mehrzeiligen Inschrift, dahinter stehen Opfergabenträger.

Register 2

Es beginnt mit dem im ersten Register fehlenden Opfertisch, dahinter Männer mit Opfergaben verschiedenster Art.

Register 3 Nordwand

Vorn stehen zwei (weibliche?) Personen, die die Linke betend erhoben haben, während die Rechte herabhängt. Eine dritte weibliche Person, sicher eine Prinzessin, hält beide Hände betend erhoben. Sie trägt um die Stirn ein Band mit Uräus.

Register 3 Südwand

Am Anfang dieses Registers steht ein Mann mit beiden betend erhobenen Händen. Die nachfolgende Figur ist zerstört, dahinter stehen Thot mit  in der Hand und eine schlangenköpfige Gottheit (ob Mer-Seger?) mit einem Menit.

Zusammenfassend konnen wir sagen, daß die Pyramiden vom Typ A besonders bei der Darstellung der Verstorbenen eine auffallende Schlichtheit zeigen und das ägyptische Vorbild noch recht lebendig ist. Allerdings kennen wir die Vorlagen dazu nicht und können darum nicht entscheiden, ob Nachahmung oder meroitische Eigenschöpfung der Komposition vorliegt. Bemerkenswert ist aber, daß auf allen Pyramidenwänden die am Anfang der Register stehenden Gottheiten Isis und Anubis in Seitenansicht dargestellt werden, während sie innerhalb der Register neben anderen Göttern in herkömmlicher Weise mit Vorderansicht des Oberkörpers zu sehen sind.

1.2. Typ B

Die besonderen Merkmale dieses Typs sind folgende: Die Darstellung des von der geflügelten Isis beschützten Königs ist mehr in die Mitte der Wand gerückt, da jetzt dahinter Mitglieder der königlichen Familie, meist stehend, in wenigen Fällen auch sitzend, abgebildet werden. Vor dem Verstorbenen befinden sich Darstellungen verschiedenen Inhalts, die auch hier in Register eingeteilt sind (die Zahl schwankt zwischen drei und sieben), doch beinhalten sie jetzt vorwiegend Szenen aus dem Totenbuch. Dazu kommen ein oder mehrere (bis zu vier) Register von Palmwedelträgern, in denen sicher das Hofgefolge zu sehen ist. Am Ende der Wand steht, dem Toten zugewendet, ein Priester in Schrittstellung, mit dem Leopardenfell wie die ägyptischen *sm*-Priester bekleidet, z. T. mit Jugendlocke, in den Händen Weihrauchgefäß und Libationsvase haltend (vgl. die Skizze auf Tfl. IB).[60] Bei einigen Pyramiden treten zu diesem Grundschema Veränderungen auf.

Typ B-1

Bei der Pyramide Beg. N. 7 des ERGAMENES, der die neue Darstellungsweise einführt, fehlt auf beiden Wänden die geflügelte Isis. Hinter dem König stehen zwei weibliche Figuren, beide durch ihre Kronen unterschieden (siehe unten, S. 73). Den unteren Abschluß zu beiden Seiten bildet ein Fries von aufrecht stehenden Schlangen, die Messer in den Händen halten.

Typ B-2

Von der Pyramide Beg. N. 13 an tritt vor den König, anfänglich noch innerhalb der Register, später dann selbständig, eine dem Toten räuchernde Person,

[60] Dieses Motiv eines räuchernden und Wasser spendenden Mannes in Richtung auf zahlreiche Opferspeisen findet sich bereits in Ägypten, hier allerdings der König statt des Priesters (Philae-Photo 711).

möglicherweise der Kronprinz. Dieses Motiv ist in Bar. 5 vorgebildet, doch sind dort die restlichen Szenen von denen in Meroe völlig verschieden.

Typ B-3

Die letzten Pyramiden vom Typ B, zu denen Beg. N. 2 und N. 6 sowie Bar. 6, 2, 4 und 3 gehören, weisen eine beginnende Vereinfachung der Darstellungen auf. Die Zahl der Totenbuchszenen wird geringer oder sie fehlen gänzlich, bei den Barkal-Pyramiden werden die Angehörigen nicht mit dargestellt. Vor den König treten jetzt mehrere Personen, die recht groß dargestellt werden und somit einen bedeutenden Teil der Wand ausfüllen. Dahinter folgen in mehreren Registern zahlreiche Personen.

1.2.1. Kommentar zu den Darstellungen vom Typ B

Die Darstellungen auf den Kapellenwänden vom Typ B sind von besonderem Interesse und sollen aus diesem Grunde z. T. eingehender besprochen werden. Auffällig ist hier die Nebeneinanderstellung von Szenen, die unterschiedlichen (ägyptischen) Quellen entstammen und ursprünglich nichts miteinander zu tun hatten.

Den größten Teil der Wände bedecken Szenen (Vignetten) aus dem Totenbuch, während Einiges dagegen von Tempelwänden stammt, woraus sich ergibt, daß ein Teil der Darstellungen ursprünglich zum Totenkult und ein anderer zum Götterkult gehörte. Da diese Art der Dekoration erst unter ERGAMENES eingeführt wird (der selbst enge Beziehungen zu Ägypten hatte), bleibt zu erwarten, daß die Vorbilder zeitgenössisch sind, d. h. in ptolemäische Zeit fallen. Eine Überprüfung der einzelnen Szenen mit verschiedenen Totenbüchern hat ergeben, daß dies auch der Fall ist; der größte Teil von ihnen erscheint als Vignette nur bei dem von Lepsius[61] herausgegebenen TB-Exemplar, das nach Sethe[62] ptolemäisch ist, während sie bei älteren TB fehlen.

Teile von TB-Darstellungen erscheinen bereits in der 18. und 19. Dynastie auf Grabwänden,[63] vor allem in Königsgräbern,[64] dann aber auch auf Särgen.[65] Bedauerlicherweise haben wir aus der Folgezeit keine weiteren Königsgräber mit

[61] Lepsius, Das Totenbuch der Ägypter, Leipzig 1842.
[62] Sethe, Die Totenliteratur der Ägypter, 15.
[63] Unter Thutmosis IV. und Amenophis III., z. B. Grab des Menna (Nr. 69), des Haremheb (Nr. 78) u. a.
[64] Vgl. Grapow, Studien zu d. thebanischen Königsgräbern, ÄZ 72, 1936, 12ff.
[65] Z. B. auf dem Sarg Kairo 61030 der Prinzessin *Nsj-ḫnsw* aus der 21. Dynastie. Vgl. Daressy, Cercueils des Cachettes Royales, CGC Nos. 61001–61044, Kairo 1909.

Ausnahme der in Tanis gefundenen,[66] so daß wir nichts über ihre Anlage und ihre Ausgestaltung wissen. Auch fehlen uns Privatgräber vor allem aus dem Beginn der Ptolemäerzeit in ausreichendem Maße, so daß fraglich bleibt, ob auch das Vorbild für die eigenartige Zusammenstellung solch unterschiedlicher Szenen bereits in Ägypten zu suchen ist oder erst in Meroe entstand.

Es finden sich folgende Szenen:

Aus dem Totenbuch:[67]

1. Das Totengericht

   Das Totengericht ist die Illustration zum TB-Kapitel 125. Es findet sich bei allen Pyramiden vom Typ B mit Ausnahme von Beg. N. 2[68] durchweg auf der Nordwand (bei Beg. N. 11 und N. 12 auch auf der Südwand). Kap. 125 enthält die sog. „negative Konfession". Die Darstellung zeigt die Gerichtshalle des Osiris, der auf einem Thron sitzt, vor ihm meist das Imiut, das Symbol des Osiris.[69] Dahinter stehen ein Opfertisch mit den vier Horussöhnen darüber und auf einem Podest, dem Osiris zugewandt, ein löwenartiges Wesen mit Krokodilkopf, Amu („Fresser") genannt. Dahinter folgt die Wägeszene. Auf der Waage hockt der Pavian des Thot, daneben stehen Anubis und Horus, davor Thot mit dem Schreibzeug, der das Resultat notiert. Hinter der Waage ist der Tote zu sehen, der von der Göttin Maat hereingeführt wird. Über der ganzen Szene stehen oder hocken meist die 42 Totenrichter.

   Die Szenen auf den Kapellenwänden sind meist nicht so vollständig, doch ist das Wichtigste vorhanden.

2. Anubis vor der aufgerichteten Mumie

   Vignette zu Kap. 45 (Tur.).

   Belege:

   Beg. N. 7, N. 11, N. 12, Nordwand.

---

[66] Montet, Tanis I.
[67] Bereits von Budge, Sudan I, 384ff. beschrieben.
[68] Sicher auch bei Beg. N. 8 und N. 20 vorhanden gewesen, aber jetzt verloren.
[69] Bonnet, Reallexikon 324; Bonnet, Atlas 145.

3. Der Tote trinkt vom Baum der Hathor

Vignette zu Kap. 57 oder 59 (Tur.).

Belege:

Beg. N. 7, N. 11 und N. 12, Nordwand.

4. Der Tote vor drei Gottheiten, die *W3s*-Szepter in den Händen halten

Vignette zu Kap. 43 (Tur.).

Belege:

Beg. N. 7, N. 11, Nordwand.

5. Der Tote vor Re, Atum, Isis und einer Schlange

Vignette zu Kap. 107 (Tur.).

Belege:

Beg. N. 7, Nordwand.

6. Ein neben einer Säule stehender Priester vor einem Schrein, darauf der *bnw*-Vogel und der Horusfalke.

Vignette zu Kap. 47[70] (Tur.).

Belege:

Beg. N. 7, N. 10 (?), N. 11 und N. 12, Nordwand.

Von Tempelwänden übernommen:

7. Das Treiben der Rinder (*ḥwt-bḥs.w*)

Die Darstellung der kultischen Zeremonie des Treibens der Rinder findet sich bei allen Pyramiden vom Typ B mit Ausnahme von Beg. N. 2, und zwar durchweg

[70] Nach Budge, ebenda. Vgl. die Totenbücher Berlin 10477 (des *Nfr-iry*) und Berlin 10478 N, dort statt des Falken ein Ba-Vogel.

auf der Nordwand, an die Szene des Totengerichts anschließend (sowie zusätzlich auf den Südwänden von Beg. N. 11 und N. 12). Sie zeigt den König bzw. die Königin, vier verschiedenfarbige Rinder (bunt, weiß, rot, schwarz) einer Gottheit[71] zuführend. Die Rinder sind an den Hinterbeinen gefesselt und stehen nebeneinander (übereinander dargestellt).
Diese Zeremonie ist uns aus Ägypten gut bekannt, wo sie uns, mit zwei Ausnahmen, ausschließlich auf Tempelwänden begegnet. Der älteste Beleg findet sich bei Sahure.[72] In der 18. Dynastie[73] und in der Ptolemäerzeit[74] wird sie besonders häufig, ist u. a. aber auch bei TAHARKA belegt.[75]
Die Übernahme dieses Motivs von Tempeln auf die Kapellenwände fällt, wie schon oben gesagt, in den Anfang der Ptolemäerzeit. Nicht Kawa bildete hierfür das Vorbild, wie man denken könnte, sondern sicher die Ptolemäertempel, denn dort erhält die Zeremonie im Zuge der „Osirianization"[76] eine steigende Bedeutung, die auf Meroe, vor allem durch die engen Beziehungen, die ERGAMENES zu Ägypten hatte, nicht ohne Einfluß blieben.
Im Tempel von Edfu findet sich das „Treiben der Rinder" elfmal (nach Blackman-Fairman) dargestellt, wobei sechs Stellen davon im Zusammenhang mit Osiris () stehen, obwohl Osiris selbst nur einmal dargestellt ist. Zwei Belege stammen bereits aus der Zeit Ptolemäus' IV. (Text 4 = Edfu I, 101,18–102,12; Text 5 = Edfu II, 86,2–11). Für die Verbindung zu den Tempeldarstellungen von Ptolemäus IV. spricht auch die Tatsache, daß die Rinder hier und in Meroe an den Hinterbeinen gefesselt sind, während bei den älteren Darstellungen (mit Ausnahme des Sarges Berlin 11978) der Strick um die Vorderbeine gelegt ist.
Es bleibt die Frage, warum sich gerade dieses Motiv bei den Kapellendekorationen, und dazu noch in Verbindung mit dem Totengericht, findet. Für eine Verbindung mit dem Totenkult geben möglicherweise zwei Särge Hinweise, auf denen ebenfalls das „Treiben der Rinder" erscheint. Der eine von ihnen[77] schildert das Sed-Fest des Osiris. Neben den verschiedenen Szenen des *ḥb-sd*-Rituals findet sich auch die Zeremonie des *ḥwt-bḥs.w*. Der König treibt die vier Rinder, die an den Hinterbeinen gefesselt sind, dem Osiris-Symbol von Abydos zu.
Dieser Sarg, der nach Möller aus dem NR, spätestens aber aus der 21. Dynastie stammt,[78] bietet den einzigen ägyptischen Hinweis auf eine Verbindung dieser Zeremonie mit dem Totenkult. Interessanterweise werden hier die Rinder dem

[71] In Ägypten sind es u. a. Amun-Re, Min, Horus, Isis und Osiris. Vgl. WB I, 469,8 Belegstellen.
[72] Borchardt, Sahure, 115f., Tfl. 47.
[73] Naville, Deir el Bahari, Part V, Tfl. 134, Part VI, Tfl. 164; Gayet, Louxor, Tfl. 9 u. 15; Amada, Tfl. 19 u. a.
[74] Blackman-Fairman, *ḤWT BḤSW*, JEA 35, 98ff.; JEA 36, 63ff.
[75] Macadam, Kawa II, Tfl. Vb (Tempel A),Tfl. XXIIa (Tempel T).
[76] Blackman-Fairman, JEA 36, 77.
[77] Berlin 11978, publiziert von Möller, in: ÄZ 39, 1901, 71ff.
[78] Blackman-Fairman, JEA 36, 77.

Osiris gebracht. Es ist nun sehr wahrscheinlich, daß auch bei den meroitischen Darstellungen die Rinder dem Osiris zugeführt werden, wobei hier der König als der zu Osiris gewordene Tote aufgefaßt wird. Die Verbindung zu Osiris treffen wir in Meroe noch einmal, und zwar in der Dekoration der nördlichen Kapellenwand von Beg. N. 17, wo der König vor dem thronenden Osiris steht, zwischen beiden ein Opfertisch und darüber die vier Rinder. Die Darstellung auf dem zweiten Sarg Kairo 6016,[79] wo ein Iun-mutef-Priester die Rinder dem Gaugott von Heliopolites und Nefertem zutreibt, ist für unsere Zwecke nicht von Belang.
Die zu diesem Problem gemachten Bemerkungen sollen lediglich Hinweise geben, doch ist es im Rahmen der vorliegenden Arbeit nicht möglich, auf die angeschnittenen Fragen näher einzugeben. Für Einzelheiten der Zeremonie *ḥwt-bḥs.w* vgl. man die zitierte Arbeit von Blackman-Fairman. Es kann aber soviel gesagt werden, daß in der Spätzeit, genauer in der Ptolemäerzeit, der Osiriskult ebenfalls in Kusch weite Verbreitung gefunden hat[80] und den Amun anscheinend auch hier aus seiner dominierenden Stellung verdrängte.

8. Das Tragen einer Kultbarke

Die von mehreren Männern auf den Schultern getragene Kultbarke ist eine Darstellung, die sich in Ägypten auf Tempelwänden findet. Bei der Wiedergabe dieses Motivs in Meroe (im obersten Register der Südwand) schreiten vor der Barke Nefertem und Anubis sowie drei Männer mit Standarten. Ein in einen langen Mantel gehüllter Mann (ob König oder Gott, ist nicht eindeutig sichtbar) folgt der Barke. Unter ihr befinden sich verschiedene Symbole.

Belege:
In dieser Art, aber mehr oder weniger unvollständig, bei Beg. N. 7, N. 10, N. 20, bei N. 12 sind viele Teile weggelassen. Fehlt auf der Südwand von Beg. N. 11 (?), kommt aber in veränderter Form auf der Nordwand vor, so daß sie nicht zu dem hier besprochenen Typ gehört. Bei N. 1, Südwand, füllt sie fast die gesamte Wand aus.

9. Ein Falke mit Doppelkrone sitzt auf einem Pfeiler, zu beiden Seiten von Isis und Nephthys angebetet. Davor (von r. nach l.) der ithyphallische Min, Horus, Thot. Dieses Motiv ist mir aus Ägypten nicht bekannt, die Szene steht hier im zweiten Register.

[79] Chassinat, La seconde trouvaille de Deir el-Bahari, pl. V (J.d.E. 29641).
[80] Auch Budge, Sudan I, 386, hat auf die bedeutende Rolle des Osiriskultes hingewiesen.

Belege:
Beg. N. 7, N. 10, N. 8, N. 20, Südwand, N. 6, Nordwand (unvollständig).

10. Großer, mit vielen Speisen beladener Opfertisch

Zu der Darstellung dieses Opfertisches gehören noch davor stehende Personen, links (nur bei Beg. N. 7 nachweisbar) ein Priester, der Weihrauch und Wasser spendet. Rechts eine Gottheit in Mumiengestalt, z. T. mit Bart und Sonnenscheibe auf dem Kopf.
Die Ikonographie des Opfertisches mit den darauf liegenden Speisen stimmt mit verschiedenen Darstellungen aus Ptolemäertempeln auffallend überein, so daß auch dieses Motiv, mit Ausnahme der daneben stehenden Gottheit, aber einschließlich des Opfernden, der in Ägypten der König selbst ist, aus Ägypten übernommen wurde.

Belege:

Beg. N. 7, N. 10, N. 8, N. 13, N. 20.

11. Palmwedelträger

Palmwedelträger sind ohne ägyptisches Vorbild, sie werden auf den Kapellenwänden meist in mehreren Registern dargestellt. Es handelt sich sowohl um Männer als auch um Frauen, in denen evtl. der Hofstaat zu sehen ist.

Belege:
Ab N. 8 mit Ausnahme von N. 2 und N. 6

Neben diesen mehrmals auftretenden Szenen gibt es noch singuläre Darstellungen wie die unter einem Tisch kriechende Königin/Göttin oder die Königin betet zu einem Sphinx (Beg. N. 11) u. a. m., die hier nicht im Einzelnen besprochen werden können.

1.3. Typ C

Der auffallende Unterschied der Kapellendekorationen zwischen Typ B und Typ C ist die Schlichtheit der Darstellungen im letzteren Fall. Annähernd die Hälfte der Wand wird von dem unter einem Baldachin sitzenden Herrscher mit der hinter ihm stehenden Göttin Isis eingenommen. Auf dem restlichen Teil der Wand sind dargestellt:

ein mit Speisen beladener Opfertisch, dahinter eine dem König zugewendete Person (Prinz?), die dem König Weihrauch opfert. Es folgen mehrere Register, deren Anzahl schwankt, von Palmwedelträgern sowie gelegentlich auch von Dienern mit Tieren (Opfertieren?) wie Pferden (Beg. N. 22) und Rindern (N. 17). Es fehlen bei diesem Typ die TB-Szenen sowie die Angehörigen des Verstorbenen (Tfl. IC).

Dieser neue Typ wird von NATAKAMANI (Beg. N. 22) eingeführt, deutet sich aber bezüglich der Schlichtheit der Darstellungen und dem Fehlen verschiedener Szenen bereits bei den Kapellen vom Typ B-3 an.[81]

Es ist bemerkenswert, daß die Angehörigen des NATAKAMANI, von denen wir Pyramiden haben (Beg. N. 1 der Amanitere und Beg. N. 5 des Prinzen Arikankharer) ganz aus dem Rahmen fallende Motive verwenden, die, wie auch einige Tempel dieser Zeit, „ägyptischer" sind als die üblichen. Der größte Teil der folgenden Pyramiden lehnt sich eng an das Vorbild von NATAKAMANI an, während einige andere z. T. neue Motive aufnehmen.

Typ C-1

Die Pyramiden Beg. N. 15, N. 16 und N. 17 haben auf der Westseite die Darstellungen der libierenden Gottheiten Anubis und Nephthys.[82]

Typ C-2

Das auf den Westwänden der Pyramiden vom Typ C-1 neu auftretende Motiv der libierenden Gottheiten Anubis und Nephthys erscheint bei Beg. N. 19, N. 32, N. 36 (Südwand) und N. 51 auf den Seitenwänden. Sie ersetzen den opfernden Priester.

1.3.1. Kommentar zu den Darstellungen vom Typ C

Die ersten beiden Pyramiden mit Darstellungen vom Typ C, Beg. N. 22 und N. 18, getrennt von Beg. N. 15, N. 16 und N. 17, weisen bis in die Details hinein (wie z. B. die auf dem Opfertisch aufgehäuften Speisen) große Übereinstimmungen auf, so daß wir hier von einer direkten Kopie sprechen können. Wir dürfen in der Tatsache, daß erst drei Generationen später auf das Vorbild des NATAKAMANI zurückgegriffen wird,

---

[81] Daß erst von N. 22 an der neue Typ eingeführt wird, zeigt die Westwand, wo statt der bisherigen Darstellung (der König zwischen zwei Göttinnen) ein neues Motiv (der König räuchert vor Osiris und Isis) verwendet wird.

[82] Beg. N. 15 und N. 16 nach den Beschreibungen von Lepsius. Auf der Nordwand von Beg. N. 17 wird ausnahmsweise der König mit vier Rindern vor Osiris gezeigt.

vielleicht dynastische Gründe sehen. Möglicherweise stammten die Herrscher dieser drei dazwischen liegenden Pyramiden aus einer Nebenlinie, die sich in den Kapellendekorationen bewußt von NATAKAMANI abwandten, während mit der Königin Amanikhatashan direkte Nachkommen von ihm zur Regierung gelangten (oder aber auch durch die Anlehnung an NATAKAMANI eine Fiktion aufrechterhalten wollten).

Weitgehende Übereinstimmungen zu diesen beiden Kapellendekorationen finden sich auch bei der Kapelle von Beg. N. 28, obwohl hier einige Details bereits abweichen (u. a. sind auf der Nordwand zu dem Opfernden die Darstellungen zweier Frauen mit Palmwedeln hinzugekommen). Bedauerlicherweise sind von den anderen Pyramiden der Reisnerschen Gruppe i keine Darstellungen mehr erhalten. Bei N. 40, N. 41 und N. 29 sind wir auf die etwas spärlichen Beschreibungen von Lepsius angewiesen, der bei seinem Besuch im Jahre 1844 noch bedeutende Reste gesehen haben muß.

Die folgenden Kapellenreliefs vom Typ C weisen große ikonographische Übereinstimmungen auf, wie aus den Dekorationen von Beg. N. 36 (Nordwand), N. 26, N. 25 sowie N. 27 und N. 24 (die letzten beiden nach den Beschreibungen von Lepsius) ersichtlich wird.

Die Herrscher halten vier Insignien in ihren Händen, die sich immer gleich bleiben. Es sind dies Geißel, Schwert, „Reichsapfel“ und „Kapellenstab“.

Für eine direkte Abhängigkeit der Darstellungen bei Beg. N. 18 und N. 28 von Beg. N. 22 mag auch der Umstand sprechen, daß sowohl NATAKAMANI als auch TEQERIDEAMANI (Beg. N. 28) den gleichen Thronnamen *Ḫpr-kꜣ-Rꜥ* verwenden, den möglicherweise auch die Königin Amanikhatashan trug (hier ist nur noch erhalten ).

Typ C-1

Das bei allen drei Pyramiden dieses Typs auftretende Motiv der libierenden Gottheiten Anubis und Nephthys ist sehr wahrscheinlich von den Opfertafeln übernommen, nur daß sie dort zu beiden Seiten eines Opfertisches, hier aber nebeneinander stehen und dem König Flüssigkeit spenden. Die auf den Opfertafeln vorkommende eingeknickte und nach vorn gebeugte Haltung findet sich auch auf den Kapellenwänden.

Typ C-2

Das für die Westwand vom Typ C-1 charakteristische Motiv wird bei den Pyramiden dieser Gruppe auf die Seitenwände übernommen.[83] Es findet sich zuerst

[83] Auf den Westwänden wird das seit NATAKAMANI gebräuchlich gewordene Motiv des vor Osiris und Isis räuchernden Königs verwendet mit Ausnahme von Beg. N. 19, wo die alte Darstellung des Königs zwischen zwei Göttinnen, die seit Beg. N. 2 außer Gebrauch gekommen ist, noch einmal Verwendung findet.

bei Beg. N. 19 und N. 32, was ebenfalls für die Zusammengehörigkeit dieser beiden Pyramiden sowie für die Wahrscheinlichkeit spricht, daß sie am Anfang einer neuen Gruppe (der Reisnerschen Gruppe j) stehen. Es wird dann später von den beiden zusammengehörigen Pyramiden Beg. N. 36 (Südwand) und N. 51 wiederholt. Wir haben es hier also nur mit einer lokalen Verschiebung der Szenen zu tun.

2. Ikonographische Untersuchung der Darstellungen der meroitischen Herrscherfamilie

Die im Folgenden durchgeführte ikonographische Untersuchung erstreckt sich lediglich auf die meroitische Herrscherfamilie. Die dabei gewonnenen Ergebnisse sind unterschiedlich. Während sich z. B. bei den Kronen kaum irgendwelche Anhaltspunkte für eine relative Chronologie ergaben, läßt sich an einigen Teilen des meroitischen Staatsornats eine gewisse Entwicklung feststellen, die es uns ermöglicht, einige Denkmäler zeitlich einzuordnen, was besonders für Stücke ohne Inschriften wichtig ist.

Folgendes Material wurde in die Untersuchung einbezogen:

1. Die Kapellenwände der Pyramiden von Barkal und Meroe (siehe auch Teil 1 der vorliegenden Arbeit)

2. Tempel

   Löwentempel des ARNEKHAMANI in Musawwarat es Sufra mit Ausnahme der Säulen[84]

   Löwentempel des NATAKAMANI in Naga[85]

   Reliefbruchstücke vom Amuntempel des NATAKAMANI in Meroe[86]

   Reliefbruchstücke von einem Tempel des NATAKAMANI im Wadi el Banat[87]

3. Stelen[88]

   des ANLAMANI (Kawa VIII)[89]

   des NASTASEN, vom Gebel Barkal, in Dongola gefunden (Berlin 2268)[90]

---

[84] Nach den Grabungsphotos, für deren freundliche Überlassung ich Herrn Prof. Hintze auch an dieser Stelle nochmals danken möchte. Die Säulen sind nicht berücksichtigt worden, da sie m. E. später als der eigentliche Tempel sind, und zudem die dortigen Reliefs ausschließlich mythologischen Inhalts und ikonographisch unergiebig sind.

[85] Nach LD V, 56ff.; Breasted-Photos 507–528 (vgl. PM VII, 267–269).

[86] Garstang, Meroe, pl. XII, XIII (vgl. PM VII, 236 und 241).

[87] Nach LD V, 68e (vgl. PM VII, 262).

[88] Die Stelen des AKINIDAD von Hamadab blieben unberücksichtigt, da der obere Teil mit den Darstellungen weitgehend weggebrochen ist.

[89] Macadam, Kawa I, 44–50 und pl. 15–16 (vgl. PM VII, 187).

[90] Nach Photo Berlin; Schäfer, Eine äthiopische Königsinschrift (vgl. PM VII, 193).

der Sachmach, verbaut gefunden im Tempel B 551 am Gebel Barkal (Khartoum Museum 1853)[91]

des TERITEQAS vom Isistempel in Meroe (Liverpool)[92]

des TANYIDAMANI vom Tempel B 500 am Gebel Barkal (Boston MFA 23.736)[93]

des AMANIKHABALE (?) aus dem Amuntempel in Meroe (Khartoum Museum 522)[94]

4. Statuen

Gruppe einer Königin (vermutlich Shanakdakhete) und eines Prinzen aus Wad Ban Naga (Kairo CG 684)[95][[96]]

Goldstatuette (vermutlich der Amanitere) aus Napata (Khartoum Museum No. 5457).[97]

Kolosse von der Insel Argo[98]

5. Verschiedenes

Votivtafel des TANYIDAMANI aus dem Löwentempel in Meroe (Walters Art Gallery, Baltimore 22.258)[99]

Siegesdenkmal des SHERKARER vom Gebel Qeili[100]

Bildhauerentwurf („tablet") des Arikankharer aus Meroe (Worcester Museum, Mass. 1922.145)[101]

---

[91] Unveröffentlicht (vgl. PM VII, 216 und JEA 35, 146, Nr. 65). Photos von dieser Stele verdanke ich K.-H. Priese.

[92] Garstang, Meroe, pl. XIX (vgl. PM VII, 235). Zur Lesung des Namens vgl. Griffith, JEA 4, 164–65 (den Hinweis auf diese Stelle verdanke ich Herrn Prof. Hintze).

[93] Hintze, Die meroit. Stele des Königs Tanyidamani, KUSH 8, 125ff. (vgl. PM VII, 216).

[94] Monneret de Villard, Iscrizioni, KUSH 7, 93ff., Nr. 4, pl. XXV. Zur Lesung des Namens Hintze, KUSH 9, 278f., (vgl. PM VII, 236).

[95] Bissing, Denkmäler, Nr. 113; Borchardt, Statuen III, 28–29, pl. 125 (vgl. PM VII, 274).

[96] *Wie R. Herzog 1977 nachweisen konnte, wurde die Gruppe in Meroe gefunden. Sie kann nach Lage der Dinge nur vom Nordfriedhof stammen, vermutlich aus einem bisher nicht nachgewiesenen Totentempel. St. Wenig, Juni 2011.*

[97] Shinnie, KUSH 7, 91f. und pl. XX, XXI (vgl. PM VII, 222).

[98] Breasted-Photos 827–31; für die Zuschreibung der Statuen an NATAKAMANI siehe Dunham, JEA 33, 1947, 63f. (vgl. PM VII, 180).

[99] Garstang, Meroe, Frontispiece; Steindorff, Catalogue, 90, pl. 5l (vgl. PM VII, 237).

[100] Hintze, Preliminary Report of the Butana Expedition 1958, KUSH 7, 171ff.; Whitehead and Addison, Meroitic Remains, in: SNR 9, 1926, 51ff. u. pl. X (vgl. PM VII, 272).

[101] Griffith, Mer. Studies III, JEA 4, 1917, 21f. u. pl. V.

Ringe aus der Pyramide Beg. N. 6 der Königin Amanishakhete (Berlin 1696, 1699, 1711, 1723, 1747)[102]

Relief eines meroitischen Königs aus der ehem. Sammlung M. Rosenberg[103]

Pylone der Pyramiden Beg. N. 6 und Beg. N. 19[104]

Nicht berücksichtigt wurden solche Denkmäler des NATAKAMANI und der Amanitere, die wieder in stärkerem Maße nach ägyptischem Vorbild angelegt sind, wie z. B. der Amuntempel in Naga oder der Tempel in Amara bzw. die Barkenuntersätze aus Wad Ban Naga.

2.1. Beschreibung des meroitischen Staatsornats

Auf einem großen Teil der meroitischen Flachbilddarstellungen sowie bei zwei Statuen ist die Herrscherfamilie in den sog. Staatsornat gekleidet, der bei dem Herrscherpaar mit Ausnahme der Kronen und der Insignien übereinstimmt und sich im Laufe der Jahrhunderte nur wenig verändert hat. Der Staatsornat des Prinzen hat dagegen ein anderes Aussehen.

2.1.1. Der Staatsornat des meroitischen Herrscherpaares

Die wenigen Veränderungen des Staatsornats bestehen hauptsächlich in einer zunehmenden Prachtentfaltung und einer Vermehrung des Schmucks. Dadurch werden wir in die Lage versetzt, anhand datierbarer Stücke neue Denkmäler, auf denen das Herrscherpaar in diesen Staatsornat gekleidet ist, annähernd genau zu bestimmen. Er findet sich zum ersten Mal bei ARNEKHAMANI und wird von dieser Zeit an bis zum Ende des meroitischen Reiches getragen. Die Herrscher werden auf fast allen vorkommenden Denkmälerarten mit dem Staatsornat dargestellt, der aus folgenden Teilen besteht:

---

[102] Schäfer, Goldschmiedearbeiten (vgl. PM VII, 245).

[103] Marc Rosenberg's Badische Sammlung Heft XII. Abb. Nr. 10; Marc Rosenberg, Ägyptische Einlagen, 7, Fig. 15.

[104] LD V 40 u. 49; Breasted-Photos 651–52 (vgl. PM VII, 245, 251).

1. Gewand

Das Obergewand reicht fast bis zu den Knöcheln herab und wird wie ein Mantel um den Körper geschlagen. Auf dem Oberkörper liegt es eng an, wobei zuweilen kurze Ärmel die Schultern und Oberarme bedecken. Der Längs- und der untere Abschlußsaum sind verziert, ersterer endet meist nach unten spitz zulaufend.

2. Schärpe

Der wesentlichste Bestandteil des Königsornats ist die Schärpe, ein rein meroitisches Kleidungsstück. Es wird quer über die Brust gelegt, dabei von der rechten Schulter zur linken Seite führend und auf dem Rücken wieder nach oben laufend. Sie besteht aus einem schmalen Band, an dem dicht nebeneinander gelegt Quasten hängen, die wahrscheinlich auf eine Unterlage aufgenäht waren. Die Breite der Schärpe verändert sich mit der Zeit. Ursprünglich war sie sehr schmal und wurde zu Beginn des 1. Jh. v. Chr. immer breiter.

3. Kronen

Die vom König bzw. der Königin in Verbindung mit dem Staatsornat getragenen Kronen oder Kopfbedeckungen sind recht unterschiedlich, so daß hier anscheinend keine feste Regel vorlag. Zu den einzelnen verwendeten Typen vgl. unten, Abschnitt 2.3.2.1.–2. und Tfln. VIII und IX.

4. Bänder mit Quasten

Über eine Schulter, seit Beg. N. 20 auch über beide Schultern, werden lange Bänder gelegt, die vorn und hinten tief herabhängen und unten in einer oder in mehreren Quasten enden, die fast bis zum Gewandsaum reichen. Solche Bänder mit Quasten fehlen, soviel ich sehe, in Ägypten, finden sich aber bereits bei den „Äthiopen“ (z. B. TAHARKA in Kawa II, pl. XXIa).

5. Halsschmuck

Der Halsschmuck besteht zumeist aus dem typischen ägyptischen breiten Halskragen, dem um den Hals geschlungenen Band mit drei daran hängenden Widderköpfen, das ebenfalls seit der 25. Dynastie von den „Äthiopen“ und ihren Nachfolgern getragen wird, und in späterer Zeit (ab Beg. N. 12) auch aus der Kugelkette, die zuerst kurz ist, dann aber immer länger wird. Meist hängt an ihr noch ein Götterbild.

6. Armschmuck

Grundsätzlich tragen alle Herrscher, die mit dem Staatsornat bekleidet waren, an den Oberarmen einen dicken Reif, an dem sich auf der Vorderseite ein *ḫpr*-Käfer befindet. Wenn nur ein solcher Reif getragen wird, dann immer am linken Oberarm. An den Handgelenken bis hin zu den Ellenbogen sind Armbänder unterschiedlicher Breite, die sicher auf Leder aufgenäht waren, an den Fingern steckten zumeist Ringe, die ebenfalls verschieden groß waren, aber bei dem größten Teil der Reliefs nicht zu sehen sind.

7. Ohrring

Der Ohrring ist ein typischer Schmuck der Südvölker und wird natürlich auch zusammen mit dem meroitischen Staatsornat getragen, wie er auch in Ägypten erst durch die „Äthiopen“ in den Königsornat aufgenommen wurde. Die Formen sind sehr verschieden.

8. Sandalen

Das meroitische Herrscherpaar trägt sowohl in Verbindung mit dem Staatsornat als auch bei anderer Kleidung Sandalen an den Füßen, die z. T. recht prunkvoll sind. Dagegen sind Prinzen immer barfuß, die Götter meist auch. Die Sandalen bleiben sich im Wesentlichen gleich und unterliegen keiner Entwicklung, so daß sie bei den folgenden Beschreibungen nicht besonders erwähnt werden.

9. Insignien und Szepter

Die zum Staatsornat getragenen Insignien sind auf den Tempelwänden ziemlich einheitlich, wo vor allem der Kastenstab, das Blütenbündel, das lange und das kurze Ährenszepter sowie der sog. Reichsapfel in den Händen gehalten werden. Bei den Szenen auf den Kapellenwänden sind Insignien und Szepter reichhaltiger verwendet (siehe auch Abschnitt 2.3.5.).

Im Folgenden sind die wichtigsten Abweichungen von der oben gegebenen Beschreibung nach Denkmälern geordnet zusammengestellt:

2.1.1.1. Der Staatsornat auf Tempelwänden

a) ARNEKHAMANI: Löwentempel Musawwarat

N o r d w a n d:

Gewand

Das eng anliegende Obergewand ist auf den Schultern und den bis zur Mitte des Oberarmes reichenden Ärmeln (nur am linken Arm sichtbar) mit Falken verziert, die ihre Flügel ausbreiten, auf dem Kopf Sonnenscheibe und Federn tragen und in den Krallen *šw*-Federn halten. Die Abschlüsse der Ärmel sind ebenfalls mit Mustern verziert und konkav. Der übergeschlagene Teil des Mantels ist ein wenig kürzer, die Spitze des Längssaumes reicht über den unteren Saum des Gewandes hinaus. Am Längssaum befinden sich drei kleine rechteckige Verzierungen (?).

Schärpe

Über die relativ schmale Schärpe fällt vor der Brust ein glattes, unten abgerundetes Stück Tuch (?), dessen oberer Rand sich der Schärpe anpaßt. An diesem Tuch hängt ein kurzes, unten in einer Quaste endendes Band. Dieses Tuch, aber ohne Band, findet sich nur noch bei dem vor dem König stehenden Prinzen, fällt dort aber über den Arm.

Krone

Doppelkrone, von der zwei Bänder im Nacken auf die Schultern fallen. Sowohl die rote als auch die weiße Krone sind mit einem Uräenfries verziert, auf der Rückseite der roten Krone ist darüber hinaus noch ein Falke mit ausgebreiteten Flügeln angebracht.

Schmuck

Ohrringe, breiter Halskragen, das Band mit den drei Widderköpfen (die Kugelkette fehlt noch). An beiden Oberarmen der dicke Reif mit dem *ḫpr*-Käfer auf der Vorderseite. Unter dem *ḫpr*-Käfer zwei Froschbeine, am oberen Teil vier in zwei Reihen angeordnete und nach außen blickende Widderköpfe, darauf die *hmhm*-Krone. Das Motiv dieser vier Widderköpfe findet sich bereits in Ägypten, wo der Gott Amun-Re-Harachte in den Königsgräbern zuweilen diesen Kopf hat.[105] An den Armen wiederum Bänder unterschiedlicher Breite.

Insignien

Blütenbündel und kurzes Ährenszepter in der Rechten.

S ü d w a n d:

Gewand

Der Längssaum liegt hier nicht „auf“, sondern „vor“ dem Körper.

Schärpe

Das über die Schärpe gelegte Stück Tuch mit dem Band fehlt hier.

Krone

hmhm-Krone, um das Ohr ist ein Widderhorn gelegt. Auf dem Uräus die Hathorkrone.

Schmuck

Hier noch zusätzlich ein Herz-Amulett.

Insignien

Kastenstab in der Linken, die Rechte ist anbetend zu Apedemak erhoben.

---

[105] F. Guilmant, Le Tombeau de Ramsès IX, pl. XXXV u. XXVII; ähnlich auch: Lefébure, Les Hypogées royaux de Thebes, 13.

b) NATAKAMANI: Löwentempel Naga

Äußere Rückwand:

Gewand

Nicht mehr glatt wie bei ARNEKHAMANI, sondern in gleichmäßig geschwungene Falten gelegt, die nach unten schwingend vom Längssaum abgehen, der „auf" dem Körper, und zwar in der Mitte, dargestellt ist. Diese Falten erinnern an die Wiedergabe des Gewandes bei Königinnen- und Göttinnenstatuen aus griechisch-römischer Zeit.

Schärpe

Sie ist wesentlich breiter als bei ARNEKHAMANI und reicht fast vom Halsansatz bis zu den Ellenbogen.

Band mit Quasten

Über die rechte Schulter ist ein langes, bis zum unteren Saum des Gewandes reichendes Band gelegt, das unten in Quasten endet.

Krone

hmhm-Krone. Der Uräus ist löwenköpfig, dessen Krone ist nicht sicher auf den Photos erkennbar. Um das Kinn eine breite Binde zur Befestigung der Krone.

Schmuck

Ohrringe, breite, über die Handflächen hinausragende Fingerringe, Armbänder zwischen Handgelenk und Ellenbogen. Am linken Arm der Reif mit dem *ḫpr*-Käfer. Um den Hals liegen der breite Halskragen, das Band mit den drei Widderköpfen und die lange Kugelkette, an der eine Amun-Figur hängt.

Insignien

In der rechten offenen Hand zwischen Handfläche und Daumen der sog. Reichsapfel, in der Linken das lange Ährenszepter.

Südliche Außenwand:

Die einzige Abweichung zur Rückwand besteht in der Handhaltung. Die Arme sind vorgestreckt, in der Rechten hält der König den „Reichsapfel", die Linke ist leer.

Krone und Schmuck

An der *hmhm*-Krone scheinen die „Drähte" sowie das um den Hals gelegte Band mit den drei Widderköpfen zu fehlen, doch läßt sich das anhand der Photos nicht genau entscheiden.

Nördliche Außenwand:

Hier sind die Abweichungen ein wenig größer.

Gewand

Das Gewand ist nicht gefältelt, sondern glatt, auf der linken Schulter und unterhalb der Schärpe sind geflügelte Sonnen aufgenäht.

Krone

Atefkrone, die auf einem Widdergehörn ruht.

Insignien

Die Linke ist anbetend zur Göttin Isis erhoben, in der Rechten hält der König den „Reichsapfel" und das kurze Ährenszepter.

c) NATAKAMANI: Tempel vom Wadi el Banat, innere Nordwestwand

Der Erbauer ist aufgrund der übereinstimmenden Ikonographie mit dem Löwentempel von Naga sicher als NATAKAMANI anzusehen, obwohl Namen fehlen.

Der König trägt das einfache lange Gewand, das hier glatt gehalten ist, über die rechte Schulter ist das Band mit den Quasten gelegt, das vorn und hinten gleichmäßig herabfällt. Vom Oberteil ist nur noch die breite Schärpe und ein Teil des von der Krone über die Schultern herabhängenden Bandes zu sehen.

d) NATAKAMANI: Amuntempel Meroe

Nur wenige Blöcke mit dem Oberteil des Königs sind erhalten. Zu erkennen sind die Doppelkrone, die in Kusch sehr selten getragen wird, ein Stück von der Schärpe, um den Hals liegen der Halskragen, das Band mit den drei Widderköpfen und die lange Kugelkette (?), über die rechte Schulter fällt das Band mit den Quasten.

e) Amanitere: Löwentempel Naga

Ä u ß e r e R ü c k w a n d:

Die Königin trägt im Wesentlichen das gleiche Gewand wie der König. Es ist ebenso gefältelt, nur bleibt hier in Gegensatz zum König der Oberkörper nackt, wie an der linken Brust zu erkennen ist. Es fehlt an Schmuck lediglich das Band mit den drei Widderköpfen, wogegen der Halskragen, die große Kugelkette, die vom Handgelenk bis zu den Ellenbogen reichenden Armreifen und der Oberarmreif mit dem *ḫpr*-Käfer (der nicht sichtbar ist, da er am linken Oberarm getragen wird und die Königin im Rechtsprofil gezeigt ist) ebenso erscheinen. Auf dem Kopf trägt sie eine Kappe, die aus mehreren ledernen Riemen zu bestehen scheint, an der Stirn ein Uräus mit Löwenkopf, darauf die *hmhm*-Krone. An der flachen zum Gott ausgestreckten linken Hand sind die breiten Ringe zu sehen, in der Rechten hält sie ebenso wie der König das lange Ährenszepter.

Südliche Außenwand:

Die Königin, die hier hinter NATAKAMANI steht, ist in der gleichen Haltung mit übereinstimmendem Gewand und in der Rechten gehaltenem „Reichsapfel“ dargestellt. Den einzigen Unterschied bildet die andersartige Kopfbedeckung, hier wieder die gleiche Kappe wie auf der äußeren Rückwand.

Nördliche Außenwand:

Die Haltung der Amanitere entspricht völlig der des Königs, hinter dem sie auch hier steht, ebenso die in der Rechten gehaltenen Insignien („Reichsapfel“ und kurzes Ährenszepter). Im Unterschied zum König ist die Königin hier in das gefältelte, die Brust freilassende Gewand gekleidet. Auf dem Kopf trägt sie das Kuhgehörn mit Sonnenscheibe sowie das Stirnband mit Uräen.

f) Amanitere: Tempel vom Wadi el Banat, innere Nordwestwand

Die Kleidung der Königin entspricht im Wesentlichen der vom Löwentempel Naga. Das Gewand ist glatt, über die rechte Schulter sind die Schärpe und das Band mit den Quasten gelegt, dessen auf dem Rücken herabfallender Teil gleichfalls sichtbar gemacht wird. Um den Hals hängt die lange Kugelkette mit einer Götterfigur. In der Linken hält sie einen Stab (?, oberer Teil verloren).

g) Amanitere: Amuntempel Meroe

Die Königin steht hinter dem König (nur noch der obere Teil des Reliefs erhalten). Vom Schmuck ist noch zu erkennen: die lange Kugelkette, Ohrring und breite Fingerringe. Über der Schulter liegt auch hier das Band. Beide Hände sind erhoben, in der Rechten zwischen Handfläche und Daumen „Reichsapfel“, die Linke ist leer.

Ein zweites Reliefbruchstück aus diesem Tempel zeigt viele Details, gehört also zu einer anderen Wand als das vorhergehende. Aufgrund der übereinstimmenden Ikonographie dürfte es ebenfalls die Königin Amanitere wiedergeben. Die Schärpe ist sehr breit und reicht vom Halsansatz bis zu den Ellenbogen, liegt hier aber ausnahmsweise über der linken Schulter.

An Schmuck trägt sie Ohrringe, die breiten Fingerringe, am rechten Oberarm den Reif mit dem *ḫpr*-Käfer, an den Unterarmen mehrere Reifen, ferner den Halskragen, das Band mit den Widderköpfen sowie eine doppelte lange Kugelkette, die nur hier belegt ist. In der Rechten hält sie Blütenbündel, „Reichsapfel", Ährenszepter (?, oberer Teil zerstört), sowie ein Schwert (?). Über die linke Schulter ist das Band mit den Quasten gelegt.

Wie wir sehen, ähneln sich die Darstellungen des Herrscherpaares auf den Tempelwänden weitgehend. Nur geringe Varianten in dem Dekor, den Kronen oder den Insignien sind festzustellen. Nur in einem Falle scheint das Relief „verkehrt" zu sein, indem die Schärpe über die linke Schulter gelegt ist.

2.1.1.2. Der Staatsornat auf den Kapellenwänden

Der Staatsornat ist auf den Kapellenwänden meist nicht so vollständig wiedergegeben worden wie auf den Tempelwänden. Das mag mit der anderen Bedeutung, die diese Reliefe hatten, zusammenhängen. Er erscheint auf den Kapellenreliefs auch erst später. Bei ERGAMENES (Beg. N. 7) fehlt er noch, bei seinem Nachfolger (Beg. N. 8; von Beg. N. 9 ist nichts erhalten, da die Wände bemalt waren) tritt der Armreif mit dem *ḫpr*-Käfer sowie das Band mit den drei Widderköpfen auf, beides Teile des Staatsornats, die schon lange in Gebrauch waren.

Beg. N. 11, Nord- und Südwand:

Hier wird die Tote zum ersten Mal im Staatsornat dargestellt.

Gewand

Der Längssaum ist nicht angegeben, der untere Abschlußsaum ist reich verziert, ebenso wie die bis zu den Ellenbogen reichenden Ärmel. Das in mehreren Quasten endende Band ist nicht über die Schulter gelegt, sondern kommt unter der Schärpe hervor.

Schärpe

Die Breite ist auf den beiden Wänden unterschiedlich.

Kronen

Auf einer Wand trägt die Königin einen Skorpion auf dem Kopf, in beiden Fällen das Stirnband mit Uräus und Nackenbändern.

Schmuck

Ohrringe (nur S.wand) sowie sehr ungebräuchlicher und nur hier belegter Halsschmuck.

Insignien

Auf beiden Seiten hält die Königin mehrere Insignien in den Händen, darunter jeweils ein Palmwedel, Blütenbündel und Kastenstab (letzteren nur N.wand).

Auf den Kapellenwänden der folgenden Zeit wird der Staatsornat mit wenigen Ausnahmen durchgehend verwendet, in Barkal nur einmal auf der S.wand der Königin Naldamak (Bar. 6). Die einzelnen Formen verändern sich, vor allem sind die Schärpen und die langen Kugelketten zu nennen (siehe unten, S. 80).

2.1.1.3. Der Staatsornat bei Statuen

Statuen von meroitischen Herrschern haben wir mit Sicherheit nur zwei, die in diesem Abschnitt besprochen werden sollen, da in beiden Fällen der Staatsornat oder Teile von ihm getragen werden. Bei den beiden Kolossen von der Insel Argo, in denen Dunham[106] Bilder des Königs NATAKAMANI sehen will, scheint es mir sehr zweifelhaft, ob überhaupt ein König dargestellt ist. Möglicherweise handelt es sich um

[106] Dunham, JEA 33, 1947, 63f.

Götterstatuen, worauf das kurze Trägergewand sowie das Fehlen von Sandalen hinzuweisen scheinen.

a) Die Gruppe Kairo CG 684[[107]]

Die in Kairo befindliche Gruppe einer Königin und eines Prinzen[108] besteht aus porösem Basalt,[109] ist 1,61 m hoch und stammt aus Wad Ban Naga.[110] Eine ikonographische Beschreibung der Königin, die uns in diesem Zusammenhang allein interessiert, ist aufgrund der vorhandenen Photos, die die Einzelheiten nicht exakt erkennen lassen, nur annähernd möglich. Nach Borchardt ist die Königin mit einem Trägergewand (?) bekleidet, das bis zu den Knöcheln reicht. Um den Hals liegen der breite Halskragen und die drei an einem Band hängenden Widderköpfe, auf dem Kopf befindet sich die Federkrone mit der Sonnenscheibe und Uräen mit Widderköpfen. Die Augen waren ursprünglich eingelegt. Über der Schulter liegt die Schärpe, die von der Mitte der Schulter bis zur halben Höhe des Oberarms reicht und demnach noch verhältnismäßig schmal ist. Die Füße stecken in Sandalen. Die ehemals in den Händen gehaltenen Insignien sind heute verloren. Es fehlen die sonst zum Königsornat gehörigen Teile wie Kugelkette, die von der Schulter herabfallenden Bänder sowie der Oberarmreif mit dem *ḫpr*-Käfer. Bissing, der in dem Werk König und Königin sehen will, wobei er bereits auf die Ähnlichkeit zu entsprechenden Darstellungen auf Kapellenwänden hinweist, meint, „daß es [eher] in den Kreis der Stelen vom Gebel Barkal und den Stil Tearkos als in die Reihe der spätäthiopischen Reliefs“ gehöre.[111] Das ist allerdings kaum möglich, wie die über die Schulter gelegte Schärpe bei der Königin zeigt, die nach unseren obigen Ausführungen *nicht* vor ARNEKHAMANI belegt ist. So muß die vorliegende Gruppe auf alle Fälle später sein. Das erkannte auch Borchardt,[112] der das Stück bereits in die „Äthiopische Spätzeit“ setzte.

Welcher der uns bekannten Königinnen von Meroe läßt sich nun dieses Denkmal zuweisen? Da keine Inschriften vorhanden sind, muß eine Datierung anhand des Stils (wo aber Vergleichsstücke fehlen) oder der Ikonographie vorgenommen werden. Daß es sich hier um eine regierende Königin handelt, wird aus dem nebenstehenden Prinzen sichtbar.

Wir haben nun drei Pyramiden von Königinnen in Meroe, Beg. N. 11 der Shanakdakhete, Beg. N. 6 der Amanishakhete und Beg. N. 1 der Amanitere sowie zwei Königinnenpyramiden in Barkal (Bar. 4 und 6). Die Königin Amanitere dürfte sofort

[107] *Dieser Text ist überholt, s. den Eintrag im Katalog Africa in Antiquity, Cat.no. 135. St. Wenig, Juni 2011.*
[108] Bissing spricht von Königin und König, Scharff dagegen (Handbuch, 629, Anm. 8) sieht in ihnen Amun und Königin.
[109] Nach Borchardt. Bissing beschreibt dagegen das Material als grauen Granit.
[110] Borchardt, Statuen III, 28–29, Nr. 684; Bissing, Denkmäler Nr. 113.
[111] Bissing, a. a. O., Nr. 113, S. 2 oben.
[112] A. a. O., 28.

auszuscheiden sein, da zum einen die Schärpe bei ihr bereits wesentlich breiter ist und zum anderen die Amanitere niemals mit dem Kronprinzen allein dargestellt wird. Die beiden Barkal-Pyramiden geben auch keine Anhaltspunkte für eine Datierung, kommen aber schon deswegen, weil in ihnen m. E. nur nichtregierende Königinnen bestattet waren, nicht in Frage.[[113]] So bleiben nur die beiden Meroe-Pyramiden Beg. N. 11 und N. 6, wo, in Übereinstimmung mit der vorliegenden Gruppe, ein Prinz hinter der Königin in gleichem Gestus wie hier dargestellt ist. Ziehen wir auch hier die Schärpen zum Vergleich heran, so sehen wir, daß sie bei der Königin Amanishakhete breiter als bei unserer Gruppe ist und zur unter NATAKAMANI und Amanitere verwendeten Form tendiert. So bleibt nur die Pyramide der Königin Shanakdakhete übrig. Hier sind die Übereinstimmungen in der Schärpenform so groß, daß wir mit Sicherheit von einer zeitlichen Nähe von Pyramide und Statuengruppe sprechen können. Da auch hier ein Prinz hinter der Königin sitzt und eine Hand anbetend zu ihrem Kopf erhoben hat, dürfte es ziemlich sicher sein, daß die Gruppe die Inhaberin der Pyramide Beg. N. 11 darstellt, also die Königin Shanakdakhete.

b) Statuette der Königin Amanitere (?)

Shinnie, der eine unlängst am Gebel Barkal gefundene Statuette einer Königin aus Gold publizierte,[114] kam aufgrund der Kleidung zu dem Schluß, daß sie der Königin Amanitere gehört haben muß. Ausschlaggebend für die zeitliche Ansetzung des Stückes war der Staatsornat, mit dem die Königin bekleidet ist. Die Königin trägt hier ein langes, eng anliegendes Gewand, dessen Ärmel, die unter der Schärpe sichtbar werden, bis zum Ellenbogen reichen. Der Längssaum liegt an der Seite des Körpers. Das Obergewand ist im oberen Teil mit geflügelten Sonnen verziert. Über die linke Schulter ist das Band mit den Quasten gelegt. Die von den Kronen im Rücken herabhängenden Bänder reichen bis zum Gesäß. Als Halsschmuck trägt die Königin den breiten Halskragen sowie die Kugelkette, auf dem linken Arm den Reif mit dem *ḫpr*-Käfer. Was sie ursprünglich in den Händen hielt, ist nicht mehr erkennbar. Die ikonographischen Übereinstimmungen zwischen der Statuette und den Reliefs der Königin Amanitere geben mit Recht Anlaß zu der Vermutung, daß die Statuette diese Königin zeigt und sicher als Weihgabe für einen Tempel bestimmt war.[[115]]

---

[113] *Bar. 6 muss doch das Grab einer regierenden Königin (Naldamak = Nawidemak) gewesen sein, und zwar wegen der Darstellung der Königin mit Staatsornat (Kapelle, Südwand und Statuette SNM 5457). St. Wenig, Juni 2011.*

[114] KUSH 7, 91f.

[115] *Im Jahre 1966 publizierte M. F. L. Macadam das anpassende Unterteil dieser Goldstatuette in Oberlin/Ohio: „Queen Nawidemak", in: Bulletin of the Allen Memorial Art Museum, Oberlin College 23, no. 2: 42–71. 1966. Die meroitische Inschrift besagt, dass es sich um die Königin Nawidemak handelt, die in Bar. 6 bestattet wurde. St. Wenig, Juni 2011.*

2.1.1.4. Der Staatsornat auf sonstigen Denkmälern

a) Die Votivtafel des Königs TANYIDAMANI

Auf der Vorderseite der rechteckigen Votivtafel des Königs TANYIDAMANI ist der Löwengott Apedemak dargestellt, dem diese Tafel geweiht war. Auf der Rückseite sehen wir den König. Der hier getragene Staatsornat entspricht im Wesentlichen dem der anderen Darstellungen, doch lassen sich einige Abweichungen feststellen.

Das Gewand ist wabenförmig gemustert, die Ärmel scheinen fast bis zu den Ellenbogen zu reichen (wie bei der soeben besprochenen Statuette der Königin Amanitere), auf dem rechten Oberarm, also über dem Gewand, der Reif mit dem *ḫpr*-Käfer. Von der Schärpe ist nur ein kleines Stück sichtbar, ebenso von dem Armschmuck. Das Band mit den Quasten fällt unter der Schärpe hervor. Auf dem Kopf trägt der König die *hmhm*-Krone und Stirnband mit Uräus und Nackenband. Am Ohr hängt ein widderköpfiger Ohrring. In der linken Hand halt der König einen Kastenstab (?), das in der Rechten gehaltene Szepter ist zerstört.

b) Stele des Königs TANYIDAMANI, Vs., linke Darstellung

Mit dem meroitischen Staatsornat ist der König anscheinend auch hier bekleidet. Er steht vor dem widderköpfigen Amun und der Mut und überreicht beiden in jeder ausgestreckten Hand ein kugeliges Opfergefäß und Ketten. Er scheint einen langen Mantel zu tragen,[116] der aber im Gegensatz zu den üblichen Darstellungen durchsichtig ist, da die Konturen der Beine zu erkennen sind. Oberhalb der Knöchel ist eine geritzte Linie zu sehen, die den unteren Saum des Gewandes andeuten soll.[117] Ob hier zwei Kleidungsstücke, ein kurzer Schurz und ein durchsichtiges Obergewand, übereinander getragen wurden? Über der Brust liegt wie gewöhnlich die Schärpe, von der zwei Bänder mit Quasten herabfallen, das eine liegt „auf" dem Körper, das andere hängt vor ihm herunter, sicher ist damit die auf dem Rücken liegende gemeint. Dazu Prunksandalen, Armbänder, der einfache Halskragen und der Stirnreif mit Uräus und Nackenbändern.

---

[116] Anders Hintze, Stele des Tanyidamani, KUSH 7, 129.
[117] Vgl. auch die Stele Berlin 2253, wo das gleiche Gewand getragen wird.

2.1.1.5. Der Staatsornat auf Ringen

Auf drei im Berliner Ägyptischen Museum befindlichen Ringen, die aus dem Grabschatz der Königin Amanishakhete stammen, womit wir für die Ringe einen *terminus ante quem* besitzen, sind königliche Personen mit dem Staatsornat bekleidet. Wie wir sehen werden, ist an der Entwicklung dieser Bekleidung, besonders der Schärpe, zu erkennen, daß die Ringe nicht zusammengehören, wie Schäfer annahm, sondern in mehreren Generationen entstanden sind.

Die folgende Beschreibung wurde anhand der Originale vorgenommen. Da mit zwei Ausnahmen (Amanitere, s. Abschnitt 2.1.1.1. und Ring Berlin 1699, s. Abschnitt 2.2.2.4.) die Schärpe jeweils über die rechte Schulter gelegt ist, ist zu fragen, ob es sich wirklich um Siegelringe handelt, da bei einem Abdruck die Gewänder „verkehrt" wären.

1. Berlin 1696 (Tfl. IIIa)

Ein König sitzt auf einem einfachen Thron, nach links gewendet. Er hält in der Rechten Kastenstab und „Reichsapfel" (?), in der Linken einen Stab, der am oberen Ende verziert ist. Er trägt das lange Gewand und um die Schulter die Schärpe, die hier noch sehr schmal ist und damit wohl kaum in der Zeit der Amanishakhete entstanden sein kann; an den Oberarmen einfache Bänder, ein dünner Halsreifen sowie das Stirnband mit Uräus und Nackenbändern, die lang herunterfallen. Sandalen sind nicht zu erkennen. Die Bänder mit Quasten fehlen. Möglicherweise stellt das Bild den König TERITEQAS dar, der kurz vor Amanishakhete regierte (vgl. dazu dessen Stele aus dem Isistempel in Meroe, Tfl Va).

2. Berlin 1711 und 1747

Diese beiden Ringe gehören aufgrund der übereinstimmenden Ikonographie und der Thematik zusammen.

a) Berlin 1711 (Tfl. IIId)

Die Königin (rechts) sitzt vor dem widderköpfigen Gott Amun auf einer gemeinsamen Bank, zwischen ihnen ein Kind, das der Gott der Königin übergibt. Sie trägt das lange Gewand mit der Schärpe, deren Breite wegen der etwas mangelhaften

Ausführung der Gravierung nicht sicher zu erkennen ist, ferner unter der Schärpe hervorkommend das Band mit den Quasten (?), Prunksandalen, einen dünnen Reif um den Hals und Armreifen, auf dem Kopf Stirnband mit Uräus und Nackenband sowie ein Skorpion mit Menschenkopf, auf dem sich die Hathorkrone befindet.

b) Berlin 1747 (Tfl. IIIe)

Die Königin (links) sitzt mit dem König auf einer langen Bank und übergibt ihm das von Amun empfangene Kind. Sie ist ebenso gekleidet wie auf Berlin 1711, nur ist die Schärpe wohl ein wenig breiter und das Nackenband fällt länger herab. Der Längs- und untere Abschlußsaum des Gewandes sind deutlich zu erkennen und auf die gleiche Weise wie bei den Reliefdarstellungen charakterisiert. Die linke Brust ist freigelassen. Das Gewand des Königs entspricht im Wesentlichen dem der Königin, nur trägt er am Kopf lediglich das Stirnband. Das Kind ist anscheinend nackend und hat, wie in Ägypten, die sog. Jugendlocke.

Diese beiden Ringe sind mit Sicherheit später als Berlin 1696 und könnten die Amanishakhete darstellen, nur muß offen bleiben, wer der neben ihr sitzende König ist, vielleicht AKINIDAD?

Über die religiösen Vorstellungen und die Erbfolge geben uns diese beiden Berliner Ringe 1711 und 1747 eine gewisse Auskunft. Sie schildern die göttliche Geburt des Thronfolgers, den die Königin von Amun empfängt und dem König übergibt. So haben auch die Meroiten die in Ägypten des Neuen Reiches, nicht die der Spätzeit, herrschende Vorstellung von der Gottesgemahlin übernommen, durch deren Verbindung mit dem Gott Amun in Gestalt des Königs der Bestand der Dynastie gewährleistet ist. Daraus würde sich dann auch die große Rolle, die die Königin in Meroe spielt, erklären.

2.1.2. Der Staatsornat des Kronprinzen

Darstellungen des Kronprinzen, der mit einer Art Staatsornat bekleidet ist, sind nur zweimal belegt.

Löwentempel des ARNEKHAMANI in Musawwarat

Löwentempel des NATAKAMANI in Naga

Dieses Gewand ist von dem des Herrscherpaares grundsätzlich verschieden. Aber auch die Gewänder der Kronprinzen der beiden genannten Tempel unterscheiden sich in Bezug auf die Kleidung, den Schmuck etc.

2.2. Die Thematik in den Flachbilddarstellungen

Wir haben in Gegensatz zu Ägypten bei den meroitischen Flachbilddarstellungen einen auffallenden Unterschied bezüglich der Reichhaltigkeit in den Motiven. Während dort die Szenen zahllos sind, werden hier nur wenige Motive verwendet. Dies gilt in erster Linie für Darstellungen der königlichen Familie und hängt wohl damit zusammen, daß in Kusch keine eigene Kunsttradition vorhanden war. Man hat nur die Tempelwände, die Pyramidenkapellen, die Oberteile von Stelen sowie gelegentlich Siegelringe oder Votivtafeln mit Reliefs oder selten mit Malereien versehen und sich dabei schon frühzeitig auf einen Kanon festgelegt. Auf allen erhaltenen Tempelresten werden die meroitischen Herrscher ausschließlich vor Göttern oder auf den Pylonen in Triumphdarstellung gezeigt, wobei auch hier Stellung und Gestus der Personen fast immer gleich sind. In Ägypten dagegen kommen neben diesen ständig variierten Motiven z. B. Schlachtdarstellungen, Festszenen, Geburtsschilderungen, Illustrationen zu Mythen u. v. a. m. vor. Diese Gleichförmigkeit haben wir auch bei den Kapellenwänden, wo mit nur drei Ausnahmen[118] in mehreren hundert Jahren die Herrscher immer auf einem Löwenthron und unter einem Baldachin sitzen, beschützt von der hinter ihnen stehenden Göttin Isis. Lediglich bei den Stelen und Ringen sind die Motive, aber auch nur selten, abwechslungsreicher.

2.2.1. Die Herrscher unter dem Baldachin (Kapellenwände)

Wie schon gesagt, kommt dieses Motiv ausschließlich auf den Kapellenwänden vor. Die zu Osiris gewordenen Toten sitzen auf einem Löwen-, selten auf einem kastenförmigen Thron, unter einem Baldachin, hinter ihnen steht mit ausgebreiteten Flügeln die Göttin Isis. Das Motiv stammt aus Ägypten, wo es seit dem Neuen Reich belegt ist. Allerdings treten hier einige ikonographische Änderungen auf. Meroitisch sind lediglich der Staatsornat, der sich im Laufe der Zeit geringfügig ändert, so daß er für eine Datierung einen Anhalt bietet, sowie die Insignien.

---

[118] Beg. N. 1, N. 5 und N. 17, N-Wand.

2.2.2. Die Herrscher vor Gottheiten

Dieses Motiv findet sich auf allen erhaltenen Tempeln, daneben aber auch auf Stelen oder Ringen. Auf den Tempelwänden tritt das Herrscherpaar den Gottheiten immer im Staatsornat gegenüber,[119] während auf einigen Stelen und einem Ring auch eine andere Kleidung getragen wird.

Die Darstellung ist weitgehend kanonisch. Die Herrscher treten den Göttern ausschließlich stehend gegenüber.[120] Hierin liegt ein Unterschied zu Ägypten, wo die Könige sowohl stehen als auch sitzen können. Sie überreichen ihnen Gegenstände oder haben die Hände anbetend zu ihnen erhoben.

2.2.2.1. Auf Tempelwänden

Diese Übereinstimmungen finden sich auf den beiden Löwentempeln in Musawwarat und Naga, dem Tempel vom Wadl el Banat oder auch bei den Reliefbruchstücken aus dem Amuntempel zu Meroe. Da die Gewänder immer die gleichen sind, wurden sie bereits oben in Abschnitt 2.1. besprochen. Die Kronen, Insignien und der Halsschmuck wurden außerdem noch in der Zusammenfassung berücksichtigt.

2.2.2.2. Auf Kapellenwänden

Darstellungen des Königs vor Göttern sind auf Kapellenwänden nur zweimal belegt. Diese zwei Stellen sind als Ausnahmen zu betrachten, da gewöhnlich der Verstorbene unter dem Baldachin sitzend gezeigt wird.

Westwand der Kapelle Beg. N. 28

---

[119] Von der 25. Dynastie bis hin zu NASTASEN trägt der König vor dem Gott den kurzen, vorn spitzen Schurz. Der kurze Schurz ist in meroitischer Zeit (Ausnahme der Pylon des Löwentempels in Naga) den Göttern vorbehalten.

[120] Das gilt auch für andere, hier nicht besprochene Denkmäler, wie z. B. die Säulen vom Löwentempel in Musawwarat (LD V 72, 74, 75), den Tempel in Amara (LD V 69, 70) oder den Tempel F in Naga (Hintze, Opfertafeln, Tfl. V–VIII).

Der König NATAKAMANI opfert dem vor ihm sitzenden Osiris. Er trägt hierbei den Staatsornat und statt einer Krone das Kopftuch.

Nordwand der Kapelle Beg. N. 17

Die eine Hälfte dieser Kapellenwand wird eingenommen von dem auf einem einfachen Thron sitzenden Osiris, vor dem der König steht, der dem Gott vier Rinder darbringt (*ḥwt-bḥs.w*), die über einem zwischen Gott und König stehenden Opfertisch dargestellt sind. So ungewöhnlich wie die ganze Darstellung für eine Kapellenwand ist, so ungewöhnlich ist auch das Gewand des Königs. Über einem langen mantelartigen Gewand, das oben glatt ist und unten durch eine senkrechte Strichelung vielleicht Plissierung angeben soll, ist ein kurzer, nach vorn hin spitzer Schurz gezogen, der mit einem Geier mit ausgebreiteten Flügeln geschmückt ist. Vom Gürtel fällt im Rücken ein langer Tierschwanz herab.

Als Halsschmuck trägt der König einen schmalen Halskragen und das Band mit den drei Widderköpfen, auf dem Kopf hat er die Doppelkrone mit Uräus an der Stirn und an Oberarm und Handgelenk jeweils schmale Bänder.

Mit Ausnahme des Schmuckes ist die Darstellung des Königs gut ägyptisch. Wir finden sie z. B. bei der Kapelle des Königs ERGAMENES in Dakke,[121] im napatanischen Raum einmal bei dem König AMANIASTABARQA, wo er vor dem falkenköpfigen Gott Re steht.[122]

Wir dürfen in dem Umstand, daß eine gut ägyptische Szene zu so später Zeit auf einer Kapellenwand erscheint, sowie aus der Ikonographie des Königs AMANITENMEMIDE schließen, daß die unter NATAKAMANI und Amanitere begonnenen engen Beziehungen zu Ägypten fortbestanden haben und man neuerlich von ägyptischen Tempeln kopierte.

2.2.2.3. Auf Stelen

Auf den Oberteilen der Stelen werden wie in Ägypten die Könige immer vor Gottheiten gezeigt. Sie tragen zuweilen den Staatsornat (bereits oben beschrieben), in einigen Fällen aber auch andere Gewänder. Diese sollen im Folgenden besprochen werden.

---

[121] Roeder, Dakke II, Tf1. 102.
[122] Nu. 2 (17-2-237), RCK II, pl. CXVII, D.

a) Stele des TANYIDAMANI

Vorderseite:

Auf der linken Seite steht der König im Staatsornat vor Amun und Mut.

Auf der rechten Seite steht der König vor denselben Göttern, allerdings hier ohne Opfergaben, sondern mit einem Feind am Arm, den er mit dem erhobenen Schwert erschlägt und der von einem hinter dem König stehenden Tier (Hund?) angefallen wird.

Die hier vom König getragenen Gewänder sind in Kusch kein zweites Mal belegt. Zu dem langen Gewand ist um den Oberkörper ein Kreuzband geschlungen. Die Füße stecken in Prunksandalen, auf dem Kopf hat er eine „helmähnliche Kappe“,[123] an den Armen Reifen und um den Hals den einfachen Halskragen. Das ungewöhnliche Kreuzband ist bereits von Ägypten her bekannt, wo es z. B. von Amenophis II.,[124] aber auch von TAHARKA in Kawa[125] getragen wird, in Ägypten hat es oftmals die Form von Flügeln. Zur Frage dieses Kreuzbandes vgl. Säve-Söderbergh, Ägypten und Nubien, 52–53.[[126]]

Rückseite:

Der König steht in der Mitte des Giebelfeldes, nach rechts gewendet und in stark erhabenem Relief. Flach eingeritzt sind links der menschen- und rechts der widderköpfige Amun. Auch die hier getragene Kleidung ist in Meroe nicht wieder belegt. So liegt über dem langen, bis zur halben Wade reichenden Gewand ein Leopardenfell, wie es in Ägypten von den *sm*-Priestern getragen wurde. Ferner Arm- und Halsschmuck in der üblichen Weise, Prunksandalen und auf dem Kopf eine ebenfalls nur hier belegte Feder-Krone. In der linken Hand hält TANYIDAMANI das kurze Ährenszepter. Die Rechte ist betend erhoben.

Durch diese besondere Kleidung soll der König hier sicher als Priester kenntlich gemacht werden. Da diese Darstellung die einzige ihrer Art ist, wissen wir nicht, ob der König fiktiv oder real Priester von Göttern war, zumal wir die Texte nicht verstehen können.

b) Stele des AMANIKHABALE (?)

Diese Stele ist nur noch teilweise erhalten. Die Darstellung im Giebelfeld zeigt links den König vor dem widderköpfigen Amun, rechts vor Mut. Beiden übergibt er

[123] Hintze, KUSH 7, 129.
[124] LD III, 63, Grab des Kenamun.
[125] Kawa II, pl. XXIIa.
[126] *Besser noch:* Die Flügeljacke, in: Allerhand Kleinigkeiten, *seinen Wissenschaftlichen Freunden und Bekannten zu seinem 70. Geburtstage am 5. Oktober 1933 überreicht* von Ludwig Borchardt. Leipzig 1933. *St. Wenig, Juni 2011.*

Ketten. Das Gewand des Königs ist nur noch auf der rechten Seite erhalten. Hier trägt er ein langes Obergewand mit Trägern, das m. W. ebenfalls in Kusch ohne Parallele ist.[127] Dazu Prunksandalen, Schmuckbänder an Handgelenk und Oberarm (es fehlt der zum Staatsornat gehörige Reif mit *ḫpr*-Käfer) und auf dem Kopf die Doppelfederkrone sowie Stirnband, an dem sich ein Uräus befindet. Die Verzierung des Gewandes ist recht außergewöhnlich. Es zeigt im oberen Teil einen aufgerichteten Vogel mit vier großen Flügeln. Darunter bis zum unteren Saum ein wellenförmiges Muster ähnlich wie auf einigen Gewändern des NATAKAMANI am Löwentempel Naga.

c) Stele des Königs TERITEQAS[128] (Tfl. Va)

Die Darstellung ist, ebenso wie auf der Vorderseite der Stele des TANYIDAMANI, nur eingeritzt. Der König steht vor Isis und trägt einen kurzen Schurz. Weiterhin ist der König mit der Schärpe angetan, von der in ähnlicher Weise wie bei TANYIDAMANI die zwei Bänder herabfallen. An Schmuck sind zu erkennen Bänder an den Handgelenken und den Oberarmen, der einfache Halskragen, dazu aber die lange Kugelkette und Ohrringe. Auf dem Kopf Stirnband sowie die Federkrone mit Sonnenscheibe. Die Füße stecken in Prunksandalen. In der linken Hand hält der König den Kastenstab, die Rechte ist anbetend zur Göttin erhoben.

An weiteren Stelen mit Darstellungen im Giebelfeld sind mir nur die zwei des AKINIDAD aus Hamadab bekannt, die aber nicht besprochen werden können, da der größte Teil der Szenen weggebrochen ist.

2.2.2.4. Auf Ringen

Auf drei Ringen des Berliner Museums ist eine Königin vor einer Gottheit, in jedem Fall dem widderköpfigen Amun, dargestellt. Einer dieser Ringe (Berlin 1711) wurde bereits (Abschnitt 2.1.1.5.) besprochen, da die Königin dort mit dem Staatsornat bekleidet ist, während sie auf den zwei restlichen Ringen eine andere Kleidung trägt.

a) Berlin 1699 (Tfl. IIIb)

Das Gewand ist aufgrund der etwas weniger sorgfältigen Ausführung der Gravur nicht deutlich zu erkennen. Auf alle Fälle ist es lang, über die linke (sic!) Schulter ist

[127] Auf den Kolossen von Argo sind die Figuren mit kurzen Trägergewändern angetan, der Bekleidung für Götter.
[128] Von Griffith, in: Garstang, Meroe, 70, zuerst TRIQQDR (?) gelesen, aber später (Griffith, Mer. Studies IV, JEA 4, 164) in TERITEQAS verbessert.

anscheinend die Schärpe gelegt, auf dem Kopf trägt sie die Doppelfederkrone sowie den Stirnreif mit Uräus und Nackenband.

Nach Schäfer ist sie noch mit dem Pantherfell bekleidet, von dem er den Tierschwanz und die Hintertatzen erkennen will. Auf dem langen Gewand sind mehrere kurze waagerechte Linien zu sehen, deren Bedeutung mir nicht klar ist. Sollen sie evtl. den Längssaum andeuten? Dann wäre die Ausführung aber viel zu breit.

Der linke Arm ist im Anbetungsgestus erhoben, während der rechte Ellenbogen gewinkelt ist und waagerecht vor dem Körper liegt, eine sonst unbekannte Armhaltung.

b) Berlin 1723 (Tfl. IIIc)

Die Königin steht vor dem sitzenden Amun, hinter ihr die Göttin Mut. Die Königin trägt ein langes Gewand, das die linke Brust frei läßt, und darüber ist das Pantherfell gelegt. Auf dem Kopf hat sie eine nur hier belegte Krone, die anscheinend aus einer aufragenden Rispe zu bestehen scheint, die Füße stecken in Prunksandalen. In der Rechten hält sie das kurze Ährenszepter, in der Linken den „Reichsapfel".

Diese Darstellung entspricht weitgehend der des TANYIDAMANI auf der Rückseite seiner großen Stele (siehe oben, 2.2.2.3.) und beweist, daß auch die Königin dieselben priesterlichen Funktionen haben konnte wie der König selbst. Über die Entstehungszeit des Ringes kann nichts gesagt werden, sicher wird er zeitlich nicht weit von der Stele entfernt sein.

Wie wir gesehen haben, sind die ikonographischen Unterschiede der Berliner Ringe beträchtlich. Entgegen Schäfers Ansicht[129] gehören sie wie schon gesagt nicht eng zusammen, sondern bildeten Teile eines Familienschmuckes. Natürlich ist eine einwandfreie Zuweisung an einen bestimmten Herrscher nicht möglich, da immer mit mangelhafter Ausführung der Ringe, aber auch der Kapellenreliefs, zu rechnen ist.

Der Umstand, daß Amanishakhete ihren Familienschmuck in ihre Pyramide einmauern ließ, was sicher recht ungewöhnlich war, würde vermuten lassen, daß zum einen die Verhältnisse unsicher gewesen sind oder zum anderen die dynastische Erbfolge in Frage gestellt gewesen sein könnte.

Höchstwahrscheinlich war ihr Gemahl, möglicherweise AKINIDAD, bei der Errichtung ihrer Pyramide bereits gestorben, es bleibt aber zu fragen, warum sie diesen Familienschmuck nicht dem auf ihrer Kapelle dargestellten Prinzen überlassen hat. Vielleicht sollte diese Einmauerung auch nur eine Sicherung bedeuten, da sie anscheinend selbst an Kriegszügen teilnahm.[130]

---

[129] Goldschmiedearbeiten, 99.

[130] Obelisk in Meroe, vgl. Hintze, Opfertafeln, 46–47.

2.2.3. Die meroitischen Herrscher in Triumphdarstellungen

Die Triumphdarstellungen meroitischer Herrscher sind ebenfalls aus Ägypten übernommen, wo sie in annähernd gleicher Weise seit dem Beginn der ägyptischen Geschichte (z. B. auf der Narmer-Palette) verwendet werden. Besonders häufig ist das Motiv des ein Bündel Feinde erschlagenden Königs, die er am Schopf gepackt hält, im Neuen Reich, bleibt aber bis in die römische Kaiserzeit hin in Gebrauch. In Ägypten ist, soviel ich sehe, nur der König in dieser Art dargestellt,[131] während in Kusch auch Königinnen im Triumph über Feinde abgebildet werden können.

2.2.3.1. Der König (bzw. Prinz) triumphiert über besiegte Feinde

Das Grundmotiv ist auf verschiedene Weise gestaltet worden:

a) In der traditionell ägyptischen Art, wo der König mit der einen Hand das Bündel Feinde am Schopfe packt und in der anderen Hand das zum Schlag erhobene Schwert schwingt. Die Beine des Königs stehen in Schrittstellung, der nach hinten gesetzte Fuß ruht nur auf Zehen und Ballen, d. h., er ist mit der Ferse vom Boden gelöst.

b) Eine aus Ägypten unbekannte Darstellung zeigt den König, der einen einzelnen Feind am Arm erhoben hält und dessen Füße vom Boden gelöst sind, so daß er in der Luft schwebt. Für diese in Kusch nur einmal belegte Darstellung gibt es aus Nubien Parallelen in Felsbildern, wo der König in ähnlicher Weise den Feind gepackt hält, den er mit der zum Schlag erhobenen Keule (oder Schwert) in der anderen Hand töten will.

c) Dem König wird von einer Gottheit ein Bündel von gefesselten Feinden übergeben. Hier allerdings sind nur zwei Darstellungen, die einige Besonderheiten aufweisen, besprochen, die Wiedergabe dieses Motivs auf Tempelwänden (z. B. Löwentempel Musawwarat und Naga) wurde nicht berücksichtigt.

[131] *Nach Fertigstellung der Dissertation ist eine Darstellung der Nofretete beim Erschlagen von Feinden bekannt geworden, das Motiv ist also auch für Ägypten belegt. St. Wenig, Juni 2011.*

1. Die Stele des Königs TANYIDAMANI

Der König trägt hier ein sehr ungewöhnliches Gewand mit einem über der Brust gekreuzten Band (nähere Beschreibung siehe oben, Abschnitt 2.2.2.3.).

2. Linker Pylon vom Löwentempel des NATAKAMANI in Naga

Der König trägt einen kurzen Schurz, dessen oberer Rand vom Rücken zum Bauch ein wenig schräg abfällt, wahrscheinlich als Folge der bewegten Haltung. Dieser Schurz ist reich verziert. An der vorderen Linie hängen die beiden Enden des Gürtels lang herab und reichen bis zum unteren Saum des Schurzes. Hinten hängt am Gürtel ein Tierschwanz, der bis zur Ferse des zurückgestellten Beines reicht. Um die Brust ist kreuzweise eine Schärpe, die aus ausgebreiteten Schwingen besteht, gelegt (vielleicht ähnlich wie bei 1.). Der reiche Schmuck, der auf dem Oberkörper liegt, darunter die lange Kugelkette, ist wegen des schlechten Erhaltungszustandes des Reliefs in den Einzelheiten nicht erkennbar.

Auch an den Unterarmen bis zu den Ellenbogen wird reichlich Schmuck getragen (evtl. die verzierte „Röhre"). Auf dem Kopf trägt der König eine eng anliegende sog. Falkenkappe, in der erhobenen Rechten hält er das Streitbeil. Die Füße stecken in Prunksandalen.

3. Das Siegesdenkmal des Königs SHERKARER vom Gebel Qeili (Tfl. VIIa)

Der König ist in ein fast bis zu den Knien reichendes hemdartiges Gewand gekleidet, das anscheinend lange Ärmel hat. Um die Brust, von der linken Schulter bis zur rechten Hüfte, liegt ein dünnes Band, an dem sich nicht näher zu bestimmende kleine Anhänger (vielleicht Glocken?) befinden. Um den Hals ist die große Kugelkette gelegt, an den Unterarmen befinden sich sehr dünne Armreifen. Als Kopfschmuck trägt der König das Stirnband mit Uräus mit dem herabfallenden Band im Nacken. Über den Rücken ist ein Köcher gehängt, an der linken Seite steckt im Gürtel ein langes Schwert, die Füße sind mit Prunksandalen bekleidet. Besonders eigenartig sind die an den Knien befindlichen Löwenköpfe, die wohl auf Leder aufgenäht waren (siehe unten, S. 83), so daß der König hier sicher mit eng anliegenden Hosen bekleidet ist.

4. Das „tablet" des Prinzen Arikankharer aus Meroe (Tfl. Vb)

Der Prinz trägt hier einen ähnlichen Schurz wie bei 2., nur ist er nicht verziert. Der Gürtel ist zweiteilig, die beiden Enden fallen vom Knoten vorn lang herab. Im Gürtel steckt in der linken Seite ein kurzes Schwert, das wohl von einem über die rechte Schulter gelegten Band gehalten wird. Über die Schultern ist ein Umhang gelegt, der anderswo nicht mehr belegt ist. Den Kopf ziert das Stirnband, vorn mit einem löwenköpfigen Uräus, darauf wohl die *hmhm*-Krone. In der linken erhobenen Hand hält der König das Schlachtbeil (wie bei 2.), die Füße stecken in Prunksandalen. An den Knien befinden sich (statt der Löwenköpfe wie bei 3.) ausgebreitete Flügel, sicher auch auf lederne Hosen aufgenäht.

5. Pylon der Kapelle von Beg. N.19 des TAREKENIWAL (Tfl. VI)

Die auf beiden Seiten des Pylons befindlichen Darstellungen entsprechen sich im Wesentlichen. Der König hält in der einen Hand ein Bündel Feinde gepackt, der andere Arm ist erhoben, in der Hand ein Schlachtbeil wie bei 2. und 4. Die Ausführung ist recht sorgfältig und läßt eine Reihe von Details erkennen. Das Gewand liegt eng an, hat lange Ärmel und reicht bis zu den Knien (ähnlich dem von 3.). Der Halsausschnitt ist linsenförmig. Das Gewand scheint, wie die Zeichnung von Schuppen erkennen läßt, eine Art Panzerhemd zu sein, wofür besonders das Vorkommen in einer Triumphdarstellung spricht. Wir gehen wohl nicht fehl in der Annahme, daß dieses Gewand auch tatsächlich vom König im Kampf getragen wurde. Es ist mit Götterfiguren reich verziert, vom vorn geknoteten Gürtel fallen die beiden Enden gleichmäßig herab. Um den Kopf ist das Stirnband gelegt, an dem sich ein widderköpfiger Uräus mit Atefkrone und im Nacken angeknotet die beiden Bänder befinden, die hier nicht auf die Schulter und von dort glatt herabfallen, sondern frei in der Luft flattern, wie wir das von der Amarna-Kunst kennen. Die Füße stecken in Prunksandalen. Schmuck scheint der König nur auf der linken Darstellung zu tragen. Es sind dies die lange Kugelkette und ein an einem Band befindliches Amulett, beide um den Hals gelegt.

6. Relief eines unbekannten Königs aus der ehem. Sammlung M. Rosenberg (Tfl. VIIb)

Ein bisher in Fachkreisen weitgehend unbekannt gebliebenes Relief aus der ehem. Sammlung von M. Rosenberg[132] zeigt einen nach rechts gewendeten stehenden Mann, der für eine Darstellung des Gottes Antäus gehalten wurde. Ich glaube aber, daß wir es hier mit einer Königsdarstellung zu tun haben, und zwar mit einer meroitischen, worauf verschiedene Indizien hinweisen.

Das Relief ist erhaben gearbeitet und wirkt recht plastisch. Der König steht nach rechts gewendet, das linke Bein ist vorgestellt. Das Obergewand reicht bis zur Brust in Höhe der Achselhöhlen und wird auf jeder Seite von zwei Trägern gehalten. Sein

[132] Marc Rosenberg, Aegyptische Einlagen in Gold und Silber, 7, Fig.15: „Steinrelief, den Gott Antäus darstellend. 2.–3. Jh. n. Chr. Sammlung des Verfassers"; Marc Rosenberg's Badische Sammlung, Heft XII, Abb. Nr. I0, hier als „römisch-ägyptisch" bezeichnet, „Erworben in Kairo, H. 60 cm". Im Dia-Katalog des Berliner Museums steht folgender Vermerk: „Antäus. Aus der Sammlung M. Rosenbergs. Durch Feuer zerstört."

unterer Teil ist schurzartig und reicht bis zu den Knien. Um dieses reich verzierte Gewand ist in der Hüfte ein Gürtel gelegt, dessen beide Enden vom Knoten nur kurz herabhängen. Sie sind hier in der Mitte des Körpers dargestellt und nicht wie sonst an der vorderen Begrenzungslinie des Körpers. Unter diesem Obergewand trägt der König eine Art Hemd mit kurzen, die Schultern bedeckenden Ärmeln. Die Arme stecken in „Röhren",[[133]] die am Ober- bzw. Unterarm verschieden sind. Solche „Röhren", die „gewiß Schutzwaffen, aus Metall oder Leder gefertigt"[134] sind, finden sich auch bei anderen meroitischen Königsdarstellungen.[135] Das Gesicht ist bärtig, um den Kopf ist das Stirnband gelegt, der vorn einen Uräus hat, auf dem sich eine Krone aus Kuhgehörn, den beiden Amun-Federn und der Sonnenscheibe befindet.

Im Nacken sind deutlich die beiden Rückenbänder angeknotet, die auf die Schultern herabfallen. Dieser Kopfschmuck ist typisch meroitisch. Die Füße stecken in Prunksandalen, an den beiden Schienbeinen befinden sich lange Beinschützer in Form eines regelmäßigen Sechsecks, an den Knien mit plastisch gearbeiteten Löwenköpfen. Als Schmuck wird nur, soviel ich sehen kann, eine aus kleinen Perlen bestehende Kette und ein an einem Band hängendes Pektoral auf der Brust getragen.

Der linke Arm ist ein wenig nach vorn gewinkelt, in der Hand wird ein langer, den König überragender Speer getragen, an einem Strick hält er einen gefesselten Feind, der ihm wohl von einer Gottheit übergeben wird. Dieser Feind steht vor dem linken, vorgesetzten Bein des Königs und reicht ihm nur bis zu den Knien. Die Hände des Gefangenen sind auf dem Rücken zusammengebunden. Er ist in ein chitonartiges Gewand gekleidet, das an der rechten Brust durch eine Fibel (?) zusammengehalten wird. Auf dem Kopf trägt er ein hohes, nach hinten umfallendes Federbüschel (?), das an die besondere Kopfbedeckung der meroitischen Prinzessinnen und der fliegenden Göttin auf dem „tablet" des Arikankharer erinnert (siehe unten, Abschnitt 2.3.2.2. und Tfl. IX). Der rechte Arm des Königs hängt glatt herab, er hält vor den Körper gelegt ein langes Schwert. Auf der linken Schulter steht ein kleiner Falke mit der Doppelkrone (dem die gleiche Idee zugrunde liegt wie bei der 3000 Jahre älteren Statue des Chephren). Auf dem flacher liegenden Hintergrund sind noch verschiedene kleine Darstellungen zu sehen: Hinter dem Kopf des Königs ein sitzender Löwe, vor dem Gesicht ein sitzender Gott, dem König zugewendet, sowie unter dem linken Arm ein Igel (?) und eine Blüte (?).

Verschiedene Indizien wie z. B. das Stirnband, das Gewand, die „Armröhren" und die Löwenköpfe an den Knien, aber auch die Gedrungenheit des Königs, die wir auch bei einigen Plastiken aus Meroe haben (u. a. bei der Statue Kopenhagen, AE.I.N.

---

[133] *Diese „Röhren" habe ich in der Beschreibung der Reliefs vom Löwentempel in Musawwarat als „Stulpen" bezeichnet. A. Lohwasser machte mich auf einen entsprechenden Fund in Sanam aufmerksam. Dieser spezielle meroitische Armschmuck wird demnächst von mir in einem gesonderten Aufsatz in MittSAG 23 (2012) erneut behandelt. St. Wenig, Juni 2011.*

[134] Schäfer, Goldschmiedearbeiten, 102.

[135] Beg. N. 19, S.wand, vgl. LD V, 50a, RCK III, 22A und als Detailzeichnung bei Schäfer, a. a. O., Textabb. 88 (S. 103).

1082), weisen darauf hin, daß wir es bei dieser Darstellung wohl mit einem meroitischen König zu tun haben.

Eine Gottesdarstellung scheint mir unwahrscheinlich zu sein. Die Bezeichnung als „Antäus“ ist sicher wegen der Löwenköpfe an den Knien entstanden, die sich bei einem Gott auf einem Relief aus Luxor finden, den man früher als Antäus angesehen hat.[136] Auf ihm sind zwei Gottheiten dargestellt, das Gesicht *en-face*, die männliche ist als römischer Krieger gekleidet, mit Knemiden und Löwenköpfen an den Knien, um das Haupt Nimbus und Strahlenkranz. Die weibliche wurde als Nephthys angesehen. Daressy[137] hat gegen diese Interpretation von Golenischeff und Edgar Bedenken erhoben und die Gottheiten als Amun-Re, der zu Jupiter-Apollon geworden ist, und Mut angesehen.[138]

Wirkliche Antäus-Darstellungen sind mir nur zwei bekannt. Sie stammen aus einem Steinbruch bei Qau el Qebir und zeigen den Gott zusammen mit der Göttin Nephthys.[139] Er ist beide Male nach rechts gewendet (einmal mit dem Gesicht *en-face* und Strahlenkranz) und hält in der linken Hand eine Gazelle, zusammen mit einem langen Speer, an dem sich oben zwei Bänder befinden, in der Rechten ein vor dem Körper gehaltenes Messer (auf einer Darstellung zerstört), im Haar stecken zwei Federn. Alle diese wichtigen Merkmale fehlen bei unserem Relief, so daß wir mit Sicherheit sagen können, daß es sich nicht um Antäus, sondern sehr wahrscheinlich um einen meroitischen König handelt.

2.2.3.2. Die Königin in Triumphdarstellungen

In Meroe wird auch die Königin im Triumph über gefangene Feinde gezeigt. Wir dürfen damit rechnen, daß sich dieses Motiv auf den meisten, wenn nicht auf allen Pylonen der Pyramidenkapellen von regierenden Königinnen so wie auf Tempelpylonen des NATAKAMANI und der Amanitere befunden hat, doch es sind nur noch zwei solcher Darstellungen erhalten.

Die Königin steht mit beiden Beinen fest auf dem Boden, während der König meist in Schrittstellung wiedergegeben ist. Das Stehen mit nebeneinander gestellten Beinen entspricht dem Kanon der ägyptischen Kunst, in der die Frauen fast ohne Bewegung dargestellt werden. So wirkt diese Szene trotz des zum Schlag erhobenen Armes recht statisch.

[136] Golenischeff, Eine neue Darstellung des Gottes Antäus, ÄZ 32 (1894), 1.–2.,Tfl. I; Edgar, Greek Sculpture, C.G.C., 1903, 57–58, Tfl. XXVII (Kairo 27572). Maße des Stückes: H. 283 cm, Br. 220 cm.

[137] Daressy, Notes sur Louxor de la période romaine et copte, ASAE 19 (1919), 160.

[138] Daß auch ägyptische Gottheiten in römischer Zeit mit Nimbus und Strahlenkranz dargestellt werden können, zeigen Plastiken (Bronze und Kalksteinbüste) des Gottes Re-Harmachis, auch mit zusätzlicher Doppelkrone, um die ein Lorbeerkranz gelegt ist. Vgl. Loukianoff, ASAE 36 (1936), 187ff.

[139] Golenischeff, Über zwei Darstellungen des Gottes Antaeus, ÄZ 20 (1882), 135–145, Tfl. III u. IV.

1. Pylon der Kapelle von Beg. N. 6, Amanishakhete

Auf beiden Seiten des Pylons steht die Königin zum Eingang gewendet. Sie hält jedes mal in der Linken ein Bündel gefesselter Feinde, auf der linken Seite dazu noch Bogen und Pfeile, während sie in der erhobenen Rechten einen Speer hält, mit dem sie die Feinde ersticht.

Die Königin ist mit einem dem Staatsornat weitgehend ähnelnden Gewand bekleidet, nur statt der Schärpe trägt sie über dem Gewand einen Überwurf, der anscheinend lose über die Arme und den Oberkörper fällt. Er reicht bis unter die Hüfte, von wo er schräg nach oben zu den Armen verläuft. Es hat, nach den Reliefs zu urteilen, den Anschein, als wenn der dem Betrachter zugewendete Arm von einem Ärmel bedeckt ist, doch dürfte er eher lose über beide Arme fallen, da die Kleidung der Königin auf den beiden Darstellungen im Links- und Rechtsprofil entgegengesetzt ist, was m. E. aber nur künstlerische Gründe hat.

2. Rechter Pylon vom Löwentempel in Naga, Amanitere

Die Königin steht nach links gewendet, in der Rechten hält sie ein Bündel Feinde gepackt, während sie in der Linken ein langes Schwert zum Schlag erhoben hat.

Sie trägt ein reich verziertes Gewand, um das lange Flügel gelegt sind, die sonst nur Göttinnen tragen. Vielleicht sollte hier die Königin mit einer Göttin, möglicherweise Isis, identifiziert werden, der man den Sieg über die Feinde verdankt.

2.2.3.3. Zusammenfassung zu den Triumphdarstellungen

Aus den beschriebenen Triumphdarstellungen ist zu erkennen, daß die Meroiten das Motiv weitgehend aus Ägypten übernommen haben, daß aber in die Ikonographie viel Meroitisches eingeflossen ist. Eine Gesamtbeschreibung aller Szenen, in denen sich auch hellenistische und andere Einflüße nachweisen lassen, mußte hier unterbleiben, da sie über den Rahmen der Arbeit hinausgehen würde.

Wichtig ist für uns, daß der König (mit Ausnahme von 1. und 6.) mit einem kurzen Schurz (2. und 4.) oder einem kurzen mantelartigen Obergewand bekleidet ist (3. und 5.), der sich ausschließlich bei Triumphdarstellungen findet, und durchweg keine Kronen, sondern eine „helmähnliche“ Kappe (1.), eine eng anliegende Haube (2.) oder den Stirnreif (3.–5.) trägt.

Weiterhin ist bemerkenswert, daß die Gewänder in zwei Fällen (5. und 6.) nach den Reliefs zu urteilen aus kleinen überlappenden Plättchen zu bestehen scheinen, die möglicherweise aus Eisen waren. Wir hätten dann in ihnen keine für Darstellungen vorbehaltene Zeremonialtracht, sondern tatsächlich die bei Kriegszügen getragene Kleidung zu sehen. Hierfür sprechen auch die sog. „Röhren“, die als Schutz der Arme anzusehen sind, und die eng am Körper anliegenden ledernen Hosen, die nur zweimal sicher belegt sind (3. und 4.).

2.3. Einzeluntersuchungen zur Ikonographie in den Darstellungen der meroitischen Herrscherfamilie (zusammenfassende Übersicht)

Die wichtigsten Bestandteile der Kleidung und des Ornats werden im Folgenden gesondert zusammengestellt, um einen Überblick über alle verwendeten Formen zu geben.

2.3.1. Die Gewänder

1. Die Gewänder des Königs

Im Gegensatz zu Ägypten war die Bekleidung der meroitischen Herrscher auffallend einheitlich. Das liegt vor allem daran, daß ein großer Teil der Darstellungen auf bestimmten Denkmälergattungen kanonisch war.

a) Der Staatsornat

Er wird auf sämtlichen Tempeldarstellungen getragen, dazu auch auf Kapellenwänden, bei Statuen, auf Ringen oder Stelen, bei letzteren nicht in jedem Fall. Der früheste Beleg stammt vom Löwentempel des ARNEKHAMANI und wird dann bis zum Ende der meroitischen Zeit verwendet. Die Formen einzelner Teile verändern sich im Laufe der Zeit geringfügig, bieten aber doch einen Anhalt für eine relative Datierung der Denkmäler (siehe oben, Abschnitt 2.1.).

b) Das Leopardenfell des *sm*-Priesters

Es wird vom König nur einmal (Stele des TANYIDAMANI, Rs.) über einem langen Gewand getragen, wo er zwischen dem widderköpfigen und menschenköpfigen Amun steht (siehe oben, 2.2.2.3.).

c) Langes Trägergewand des Königs

Trägergewänder sind im Allgemeinen nur den Göttern vorbehalten. Eine Ausnahme macht die Darstellung des Königs AMANIKHABALE (?) auf der Stele Khartoum 522 (siehe oben, 2.2.2.3.).

d) Kurzes Trägergewand des Königs

Ein kurzes Trägergewand trägt der König ebenfalls sehr selten. Es findet sich auf dem Relief aus der ehem. Sammlung M. Rosenberg (siehe oben, 2.2.3.1.), während bei den Statuen von der Insel Argo nicht mit Gewißheit zu sagen ist, ob sie den König oder einen Gott darstellen (vgl. oben, S. 44f.).

e) Kurzer Schurz

Einen kurzen Schurz wie die ägyptischen Könige tragen die meroitischen Herrscher durchgehend auf allen Denkmälern von der 25. Dynastie bis zu NASTASEN. Danach ist er nur noch gelegentlich belegt. Einmal bei NATAKAMANI auf dem linken Pylon des Löwentempels in Naga, wo der König in Triumphdarstellung gezeigt ist (siehe oben, 2.2.3.1.), ferner bei TERITEQAS auf dessen Stele aus dem Isistempel von Meroe (siehe oben, 2.2.2.3.) und wohl zusätzlich zu einem langen durchsichtigen Gewand bei TANYIDAMANI auf dessen Stele MFA 23.736, Vs., linke Szene (siehe oben, 2.1.1.4.), sowie bei AMANITENMEMIDE in ägyptischer Art über einem langen Gewand (vgl. oben, 2.2.2.2.).

f) Langes Kleid (außerhalb des Staatsornats)

Dieses Gewand findet sich mehrmals, vor allem auf den frühen Kapellenreliefs vom Typ B, ferner auf der Stele des TANYIDAMANI, Vs., rechte Szene, mit einem Kreuzband über der Brust (vgl. oben, 2.2.2.3.), dann unter dem Leopardenfell (ebenda, Rs.) oder in ägyptischer Weise unter dem spitzen Schurz (vgl. oben, 2.2.2.2.).

g) Mantelartiges Obergewand mit langen Ärmeln

Ein solches Gewand, das bis zu den Knien reicht, trugen einige Könige bzw. Prinzen in Triumphdarstellungen (SHERKARER, Arikankharer und TAREKENIWAL, vgl. oben, 2.2.3.1.).

2. Die Gewänder der Königin

Die Königin trägt in Kusch folgende Bekleidung:

a) Staatsornat

Hierzu gilt das Gleiche wie das für den König Bemerkte.

b) Gewand einer Göttin

Nur in einem Fall ist die Königin mit dem Gewand einer Göttin, vielleicht der Isis, bekleidet.

Belege:

Rechter Pylon vom Löwentempel in Naga.

c) Leopardenfell

Diese priesterliche Kleidung trägt eine Königin sicher auf dem Ring Berlin 1723 (siehe oben, 2.2.2.4.) und möglicherweise noch auf einem zweiten Ring Berlin 1699.[140] Auffällig ist, daß sowohl die Königin als auch der König mit dem Leopardenfell das kurze Ährenszepter in den Händen halten und beide Male vor Amun stehen.

d) Langes Gewand mit Ärmeln

Die nichtregierenden Königinnen Kanarta und Bartare haben einfache lange Gewänder an, deren Ärmel bis etwa zur Mitte des Unterarmes reichen. Diese Gewänder sind wohl mit den Frauenkleidern identisch, die seit der 25. Dynastie ziemlich unverändert getragen werden. Sie sind besonders charakteristisch durch einen hinter den Beinen unter dem Abschlußsaum hervorreichenden Zipfel. Sie werden noch z. Zt. des ERGAMENES verwendet.[[141]]

---

[140] Vgl. Schäfer, Goldschmiedearbeiten, 130–131.

[141] *Siehe A. Lohwasser, Die königlichen Frauen im antiken Reich von Kusch. 25. Dynastie bis zur Zeit des Nastasen. Meroitica 19, 2001: 212ff. St. Wenig, Juni 2011.*

2.3.2. Die Kronen der meroitischen Herrscherfamilie

Bei der Zusammenstellung der in Meroe getragenen Kronen und Kopfbedeckungen wurden die oben, S. 32f., genannten Denkmäler sowie einiges Material aus napatanischer Zeit untersucht. Auch hier blieben die „ägyptisierenden" Denkmäler aus der Zeit des NATAKAMANI unberücksichtigt, doch wurde gelegentlich auf den Amuntempel in Naga hingewiesen.

Die Kronen und Kopfbedeckungen sind bei den Meroiten von derselben Vielfalt wie in Ägypten. Die meisten Formen sind nur wenige Male belegt und scheinen, mit Ausnahme der *hmhm*-Krone, ohne Regel getragen worden zu sein. Diese Regellosigkeit ist nicht neu, sie gilt auch für Ägypten, wo der König z. B. in Kalabsche die rote, weiße, Doppel-, Atefkrone, Kopftuch, die beiden Amun-Federn, Kombination von roter und Atefkrone u. v. a. m. trägt.

2.3.2.1. Die Kronen der Könige

1. Die oberägyptische Krone

Wird in Kusch, mit Ausnahme des Amuntempels in Naga, nicht verwendet.

2. Die unterägyptische Krone

Wie 1.

3. Die Doppelkrone

Sie ist in Kusch mehrere Male belegt, doch scheint für ihre Verwendung keine Regel bestanden zu haben.

Belege:

Löwentempel in Musawwarat: ARNEKHAMANI (Beschreibung siehe oben, S. 37)

Amuntempel in Naga: NATAKAMANI

Statuen auf der Insel Argo: NATAKAMANI?[142]

Beg. N.17, S.wand: AMANITENMEMIDE

4. Federkrone mit Sonnenscheibe

Während diese Krone bei Königinnen häufig auftritt (siehe unten, S. 71), wird sie von Königen seltener getragen.

Belege:

Stele Khartoum 522: AMANIKHABALE?

Stele aus dem Isistempel von Meroe: TERITEQAS

Löwentempel in Naga: NATAKAMANI

Amuntempel in Naga: NATAKAMANI

Bar. 2, N.wand

5. *hmhm*-Krone

Die *hmhm*-Krone taucht in Ägypten unter Amenophis IV. zum ersten Mal auf[143] und wird im spätzeitlichen Ägypten sehr oft verwendet, wo sie sowohl vom König als auch von Göttern anscheinend ohne feste Regel getragen wird.[144] Die Meroiten übernahmen sie und machten sie zum Bestandteil des Königsornats, doch nur dort, wo der König im Zusammenhang mit dem Löwengott Apedemak steht. Das ist sehr auffällig, zumal Apedemak selbst nur diese Krone trägt. Sicher hat dies seine Ursache in dem Namen der Krone. *hmhm* ist das ägyptische Wort für „Geschrei“, „Gebrüll“, womit ursprünglich der Kriegsruf des Königs, in griechischer Zeit aber hauptsächlich das Gebrüll des Löwen bezeichnet wird.[145] Aber auch schon früher wurde der Löwe als einer, der „groß an Gebrüll“ ist,[146] genannt. Wir dürfen in dem Tragen der *hmhm*-Krone, die hier zum Attribut des Apedemak geworden ist, auch durch den König vielleicht die Übernahme eines Teiles der göttlichen Macht sehen. Zu untersuchen wäre in diesem Zusammenhang die Herkunft dieses Wortes und die Rolle der Löwengötter in Ägypten, die zum großen Teil aus Nubien kommen.

[142] Dunham, JEA 33, 1947, 63f. Vgl. jedoch oben, S. 44.
[143] Abubakr, Ägyptische Kronen, S. 3f.
[144] Vgl. z. B. Dakke, passim; Kalabsche, passim. Dort vor König, vor Mandulis und Mandulis dem Kind; Harpokratesfiguren (Roeder, Bronzefiguren).
[145] WB II, 490.
[146] Pap Leiden 350 Vs 3, 3/4 (zit. nach de Wit, Le culte de lion, 216).

Belege:

Löwentempel in Musawwarat: ARNEKHAMANI

Votivtafel aus dem Löwentempel in Meroe: TANYIDAMANI

Löwentempel in Naga: NATAKAMANI

6. Die Atefkrone

Diese Götterkrone, zumeist von Osiris getragen, wurde auch vom König verwendet,[147] womit sicher die Identifizierung des irdischen mit dem jenseitigen Herrscher gemeint ist. Daß wir diesen Grundgedanken noch in Kusch haben, beweist, daß die Atefkrone fast ausschließlich auf den Kapellenwänden vorkommt, wo der zu Osiris gewordene Tote dargestellt ist.

Belege:

Beg. N. 12, N.- u. S.wand

Beg. N. 13, N.wand: (NAQRINSAN)

Beg. N. 2, S.wand: (AMANIKHABALE)

Beg. N. 19, W.wand: TAREKENIWAL

Löwentempel in Naga: NATAKAMANI

7. Das Kopftuch, Form a

Das königliche Kopftuch wird in allgemeinen nicht mit in die meroitischen Darstellungen aufgenommen. Der einzige Beleg ist aus der Übernahme ägyptischer Motive erklärbar.

Belege:

Beg. N. 22, N.- u. S-Wand: NATAKAMANI

8. Das Kopftuch, Form b

Beide Enden des Tuches sind über die Schultern fallend dargestellt. Vielleicht liegt hier ein falsches Verständnis der Perücken ägyptischer Tiergötter vor, bei denen zu beiden Seiten die herabfallenden Haarsträhnen dargestellt sind.

---

[147] WB I, 23.

Belege:

Beg. N. 17, S.- u. W.wand: AMANITENMEMIDE

9. Meroitische Kappe

In frühmeroitischer Zeit trägt der König eine hinten geschweifte und über den Nacken hinausreichende Kappe. Sie mag aus Leder gefertigt sein, wie sie ähnlich auch heute noch von den Kriegern der Masai getragen werden.[148]

Belege:

Beg. S. 6, N.wand: ARAKAKAMANI

Beg. S. 5, N.- u. S.wand: AMANISLO

Beg. N. 4, N.wand: AMANI ...TEKHA

10. Das Stirnband

Die typischste aller meroitischen Kopfbedeckungen ist ein Stirnband bzw. -reif, an dem sich vorn ein Uräus befindet und von dem im Nacken zwei angeknotete Bänder herabfallen. Das Stirnband ist sowohl verziert als auch glatt und wird auch zusammen mit Kronen getragen. Die Form der Uräen ist verschieden, zuweilen hat er einen Löwenkopf, auf dem sich die Atefkrone befindet.
Schon die Könige der 25. Dynastie haben diesen Kopfputz bevorzugt.
Von den zahlreichen Belegen aus meroitischer Zeit will ich hier nur die wichtigsten zusammenstellen.

a) Reif von Uräen, an der Stirn, am Hinterkopf und an den beiden Seiten jeweils zwei hoch aufgerichtete Schlangen.

Belege:

Beg. N. 20, S.wand: (TANYIDAMANI)

b) Glatter unverzierter Reif, auf dem Uräus die Atefkrone

Belege:

---

[148] A.C. Hollis, The Masai, pl. XVIII.2; Merker, Masai, 140, Fig. 42 a. u. b.

Siegesdenkmal vom Gebel Qeili: SHERKARER (Uräus widderköpfig)

Beg. N. 19, S.wand: TAREKENIWAL

Beg. N. 36, N.wand: (ARITENYESBEKHE)

c) Mit Blattmuster verzierter Reif, auf dem widderköpfigen Uräus die Atefkrone

Belege:

Beg. N. 19, Pylon: TAREKENIWAL

d) Verzierter Reif mit löwenköpfigem Uräus, darauf die *hmhm*-Krone

Belege:

„tablet" aus Meroe: Prinz Arikankharer (siehe Tfl. Vb)

e) Gemusterter Reif mit Uräus, darauf die Hathor-Federkrone

Belege:

Relief aus der ehem. Sammlung M. Rosenberg (siehe Tfl. VIIb)

11. Kurzes Widdergehörn

Als einziger Kopfschmuck wird neben dem einfachen Stirnreif ohne Uräus ein einfaches kurzes Widdergehörn getragen.

Belege:

Beg. N. 2, N.wand: (AMANIKHABALE)

12. Haube (?)

In einem Fall trägt der König eine einfache Haube, die wahrscheinlich mit einem darüber liegenden Falken mit ausgebreiteten Flügeln verziert ist (nicht abgebildet, da das Original weitgehend zerstört ist)

Belege:

Löwentempel in Naga, linker Pylon: NATAKAMANI

13. Unbestimmbare Kopfbedeckung

Infolge des schlechten Erhaltungszustandes des Reliefs ist die Kopfbedeckung nicht sicher zu erkennen, möglicherweise liegt eine Form des Kopftuches vor.

Belege:

Beg. N. 25, S.wand: ((MALEQEREBAR))?

14. Vierfederkrone

Die aus vier hohen Federn bestehende Krone des Gottes Onuris trägt der König zusammen mit dem Leopardenfell.

Belege:

Stele MFA 23.736, Rs.: TANYIDAMANI

15. Helmähnliche Kappe

Wie 14., Vs., rechte Darstellung

2.3.2.2. Die Kronen der Königinnen

1. Die oberägyptische weiße Krone

Wird in Kusch, mit Ausnahme des Amuntempels in Naga, nicht verwendet.

2. Die unterägyptische rote Krone

Wie 1.

3. Doppelkrone

Belege:

Bar. 4, Nordwand

Amuntempel in Naga: Amanitere

4. Federkrone mit Sonnenscheibe

Sie findet sich mehrmals in Kusch. Bereits in Ägypten wird sie häufig getragen, doch meist in Verbindung mit der Flügelhaube.

Aus vormeroitischer Zeit kennen wir folgende Belege von napatanischen Königinnen:

Sekundäre Darstellung am Tempel von Semna: Katimala (mit Flügelhaube)[149]

Stele aus Nu. 44: Batahaliye, Frau des HARSIYOTEF[150]

Belege aus meroitischer Zeit:

Beg. N. 7, N.wand: Kleopatra (?),[151] Frau des ERGAMENES (hier ohne Sonnenscheibe)

Gruppe Kairo 684: Shanakdakhete

Amanitere Beg. N. 1, N.wand (ohne Sonnenscheibe)

Löwentempel in Naga (hier ruht die Krone auf einem Widdergehörn)

5. Kombinierte Feder-Atefkrone

Diese prunkvolle Krone der Königin Amanishakhete ist eine nur hier belegte Form. Sie findet sich m. W. auch nicht in Ägypten, doch gehen ihre einzelnen Bestandteile auf ägyptische Kronen zurück. In der Mitte erheben sich die beiden hohen Amun-Federn, davor am unteren Ende die Sonnenscheibe. Zu beiden Seiten schließt sich das Mittelstück der Atefkrone an mit jeweils einer Sonnenscheibe daran. Das Ganze wird beiderseits begrenzt mit einer hohen *šw*-Feder, vor der sich eine kleine Uräusschlange mit Sonnenscheibe auf dem Kopf befindet. Alle diese Einzelteile ruhen auf einem

[149] Grapow, ÄZ 76, 1940, 24ff.

[150] RCK II, 230, Fig. 177.

[151] In Dakke. LD V, 17 ist die hinter ERGAMENES stehende Königin 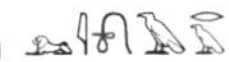 bzw.  genannt, was möglicherweise eine Verschreibung für Kleopatra ist.

gestreckten Widdergehörn, unter dem sich ein kleiner Aufsatz befindet, der auf dem Kopf liegt. Um die Ohren ist ein Widderhorn gelegt.

Belege:

Beg. N. 6, Nord- und Südwand sowie linker Pylon

6. Hathorkrone

Die aus dem Kuhgehörn und der Sonnenscheibe bestehende Hathorkrone trägt im spätzeitlichen Ägypten hauptsächlich Isis.[152] In Kusch findet sie sich ebenfalls bei der Isis sowie bei zwei Königinnen.

a) Amanitere

Belege:

Löwentempel in Naga[153]

Amuntempel in Meroe[154]

b) Beg. N. 32, N.-S.- und W.wand: Amanikhalika

7. Kombinierte Feder-Hathorkrone

Die häufigste aller Kopfbedeckungen ist in vormeroitischer Zeit diese kombinierte Krone, während sie in meroitischer Zeit nur zweimal verwendet wird. Es lassen sich zwei Formen unterscheiden:

a) Zwischen den beiden Kuhhörnern stehen die beiden hohen Federn mit der Sonnenscheibe (in Ägypten sowohl von Königinnen – vgl. Berlin 14114 – als auch von Göttinnen, meist mit der Geierhaube, getragen).

Belege:

Bar. 4, S.wand

[152] Vgl. z. B. Roeder, Bronzefiguren, Tfl. 33e,f.
[153] Breasted-Photo 508.
[154] Garstang, Meroe, pl. XII, 1.

b) Das Gehörn mit der Sonnenscheibe ist sehr klein und ragt nicht über die beiden Federn seitlich hinaus (in Ägypten häufig bei der Isis[155]). In den meisten Fällen halten die Frauen ein Sistrum in der Hand.

Belege:

Tempel B 300 vom Gebel Barkal: Tekahatamani, Frau des TAHARKA[156]

Nu. 53, Grabkammer, W.wand: Yeturow, Frau des ATLANERSA[157]

Sanam: unbekannte Königin der 25. Dynastie[158]

Kawa VIII: Nasalsa, Mutter des ANLAMANI[159]

Stele des Harsiyotef: Batahaliye, Frau des Harsiyotef

Stelen des NASTASEN (Berlin 2268) und der Sachmach (Khartoum 1853): Sachmach, Frau des NASTASEN

Beg. N. 7, N.wand: Kleopatra (?), Frau des ERGAMENES

8. Kombinierte Atef-Federkrone

Den beiden hoch aufragenden Federn ist statt des Hathorgehörns eine kleine Atefkrone vorgesetzt.

Belege:

Bar. 6, S.wand

9. Hauben

Eng anliegende Hauben werden wie in Ägypten so auch in Kusch verwendet, sowohl allein als auch in Verbindung mit Kronen.

---

155 Roeder, a. a. O., Tfl. 33k, Tfl. 38 und passim.
156 Breasted-Photo 770 und LD V,5.
157 RCK II, 36. Hier mit Flügelhaube und geierköpfigem Uräus.
158 Griffith, Sanam, in: LAAA IX, pl. XXVIII.
159 Macadam, Kawa I, pl. 16. Hier sind die beiden Federn getrennt.

a) Die sog. Flügelhaube, bestehend aus einem über die glatte Kappe gelegten Flügelpaar, mit geier- und schlangenköpfigem Uräus an der Stirn. Ist nur einmal belegt.

Belege:

Beg. N.18, S.wand: Amanikhatashan

b) Eine Falkenhaube, so genannt, weil ein Falke mit ausgebreiteten Flügeln auf einer reich gemusterten Kappe liegt, wird zweimal verwendet:

Belege:

Beg. N.6, rechter Pylon: Amanishakhete

Löwentempel in Naga, rechter Pylon: Amanitere

c) Eine dritte Form ist die glatte Kappe, die sich von a) und b) durch das Fehlen irgendwelcher Verzierungen unterscheidet. Um den Kopf ist z. T. das Band gelegt mit einem Uräus an der Stirn. Diese glatte Haube wird wohl bei den meisten getragenen Kronen verwendet worden sein, doch geht das aus den Darstellungen zumeist nicht hervor.
Die glatte Kappe wird ohne Kronen nur in frühmeroitischer Zeit getragen.

Belege:

Beg. S. 4, N.- u. S.wand: Kanarta

Beg. S. 10, N.- u. S.wand: Bartare

Beg. N. 11, S.wand: Shanakdakhete

10. Kappe mit Haarbeutel (?)

Recht eigenartig ist diese Kopfbedeckung (?), bei der es den Anschein hat, als wenn die Haare im Nacken in säckchenförmigen Beuteln hängen.

Belege:

Bar. 6, N.wand: Naldamak

11. Skorpion

Im spätzeitlichen Ägypten ist der Skorpion mit Menschenkopf und darauf die Hathorkrone oftmals der Kopfputz von Göttinnen, in erster Linie von Isis in ihrer Verbindung als Isis-Selket.[160] Diese ursprünglich den Göttinnen vorbehaltene Kopfbedeckung wurde in Kusch auch von der Königin, sicher in Verkennung der alten Bedeutung, getragen.

Belege:

Beg. N. 11, N.wand: Shanakdakhete

Ring Berlin 1711 (die Königin sitzt dem widderköpfigen Amun gegenüber)

Ring Berlin 1747 (die Königin reicht den gegenüber sitzenden König ein Kind)

Über die Entstehungszeit dieser beiden Ringe, die in der Pyramide Beg. N. 6 gefunden wurden, kann nichts Näheres gesagt werden. Vermutlich gehörten sie aber der Königin Amanishakhete (vgl. oben, S. 49).

12. Reif, bestehend aus hoch aufgerichteten Uräen

Belege:

Löwentempel in Naga; Amanitere

13. Aus dicken Lederriemen bestehende Kappe, an der Stirn mit löwenköpfigem Uräus und darauf die *hmhm*-Krone

Belege:

Löwentempel in Naga; Amanitere

14. Federbüschel (?)[161]

Diese Kopfbedeckung ist, soviel ich sehe, in Ägypten unbekannt und muß deshalb als rein meroitischer Kopfputz angesehen werden. Er ist in napatanischer und meroitischer Zeit belegt, wobei sich die einzelnen Formen jeweils voneinander unterscheiden. Er

[160] Vgl. z. B. Roeder, a. a. O., § 290, 297, 566, 623.
[161] Macadam, Kawa I, 112 spricht von „plums“.

wird ausschließlich von Nebenfrauen des Königs oder von Prinzessinnen getragen, da auf (erhaltenen) Tempel- oder Kapellenwänden erst die zweite Frau hinter dem König diese Kopfbedeckung trägt.

Belege:

Bruchstück aus Kawa[162]: Aus einer Lotusblüte steigt ein Federbüschel auf.

Beg. N. 7, N.wand: Zweite Frau hinter ERGAMENES stehend. Zwei Federbüschel, ebenfalls aus einer Lotusblüte aufsteigend.

Bruchstücke aus Kawa[163]: Drei lange Federbüschel steigen von den Köpfen dreier Göttinnen, die auf dem Haupt der Königin stehen, auf. Diese drei Göttinnen sind nach Macadam Tefnut?, Isis und Nephthys.

Schrein des ASPELTA[164]: Als zweite Frau hinter dem König stehend trägt die weibliche Person eine Kopfbedeckung, die aus vier langen Federbüscheln besteht.

Tempel des SENKAMANISKEN vom Gebel Barkal[165]:

Auf einer heute zerstörten Wand dieses Tempels standen hintereinander drei Nebenfrauen des Königs (*ḥmt nswt, s3t nswt*), von denen die erste ein Sistrum und ein Opfergefäß in den Händen hielt, während die anderen beiden Frauen ihre Hände betend erhoben halten. Alle drei tragen die gleiche Kopfbedeckung, die der ersten Frau besteht aus drei, die der beiden anderen aus zwei Federbüscheln.

Dieser Kopfputz wird aber nicht nur von Königinnen oder Prinzessinnen getragen. Die fliegende Göttin auf dem „tablet" des Arikankharer[166] hat gleichfalls ein Federbüschel auf dem Kopf, das hier aber aus mehreren zusammengebundenen Pflanzen (?) besteht.[167]

Einen ähnlichen Kopfschmuck trägt der Feind, den ein meroitischer König an einem Strick gefesselt hält.[168] Eine solche Charakterisierung von Feinden ist in Ägypten nicht bekannt, sicher hat sie nichts mit der Feder der Libyer zu tun.

15. Blätterkrone (?)

In einem Fall trägt eine Königin eine Krone, die aus einem aufrecht stehenden Zweig mit gegeneinander angeordneten Blättern zu bestehen scheint.

---

[162] Kawa II, pl. LXIVe, no. 102.
[163] Ebenda, pl. LXIVf–g, nos. 95–96.
[164] Griffith, Sanam, in: LAAA IX, pl. XLV; dsgl. LDT V, 285.
[165] Griffith, Scenes from a destroyed temple at Napata, in: JEA 15, 1929, 26–28, pl. V nach einer Zeichnung von Orlando Felix, der 1828 zusammen mit Lord Prudhoe Napata besuchte.
[166] Griffith, Mer.Studies III, in: JEA 4, pl. V.
[167] Griffith, ebenda, 23 beschreibt den Kopfschmuck folgendermaßen: „On her head is a rounded object followed by a great bundle of cords terminating in tassels".
[168] Relief aus der ehem. Sammlung Rosenberg (siehe Tfl. VIIb).

Belege:

Ring Berlin 1723 (vgl. auch Tfl. IIIc)

16. Stirnreif

Ebenso wie die Könige tragen auch die Königinnen den Stirnreif sehr häufig. Wie auf Tfl. IX zu sehen, oftmals zusammen mit Kronen. Es ist nicht mit Sicherheit festzustellen, ob er auf das Haar oder auf eine glatte Haube gebunden wurde. Er ist meist unverziert. An ihm befanden sich vorn der Uräus und im Nacken angebunden die beiden langen Bänder (nicht abgebildet).

2.3.2.3. Die Kronen der Prinzen

Prinzendarstellungen aus Kusch sind sehr selten. An Pyramiden mit erhaltenen Kapellen kennen wir nur die des Prinzen Arikankharer (Beg. N. 5), evtl. Beg. N. 10 (siehe unten, S. 107f.) und einige auf dem Westfriedhof von Meroe, die aber mit Ausnahme einiger Zeichnungen von Lepsius noch nicht veröffentlicht sind und in RCK V publiziert werden sollen.

Belege:

Auf Kapellenwänden von Königinnen-Pyramiden sind Prinzen hinter der Königin Shanakdakhete (Beg. N. 11) und der Amanishakhete (Beg. N. 6) sitzend dargestellt, doch ikonographisch wenig ergiebig.

Vom Barkal-Friedhof sind die Pyramiden 5 und 2 zu nennen, hier ist das Material bei den Zusammenstellungen bereits berücksichtigt.

Da nur wenige Tempel aus Kusch erhalten sind, ist das Material besonders von Prinzendarstellungen sehr gering. Auf den beiden Löwentempeln des ARNEKHAMANI und des NATAKAMANI tragen die Prinzen einen Staatsornat, der sich aber voneinander und von dem des Königspaares grundlegend unterscheidet (vgl. oben, S. 34f.).

2.3.3. Der Halsschmuck der meroitischen Herrscherfamilie

Im Gegensatz zu Ägypten haben die Meroiten nur wenige Typen an Halsschmuck entwickelt, diese aber meist miteinander kombiniert getragen. Auf allen

Darstellungen tragen das Königspaar oder die Prinzen irgendwelche Ketten um den Hals.

1. Breiter einfacher Halskragen

Er erfreut sich ebenso wie in Ägypten auch in Kusch großer Beliebtheit und ist dort der häufigste belegte Halsschmuck.

2. Breiter Halskragen mit Angabe der Details

Mit Details ist der Halskragen nur sehr selten wiedergegeben.

Belege:

Löwentempel in Musawwarat, S.wand: ARNEKHAMANI

Beg. N. 6, N.- u. S.wand u. Pylon: Amanishakhete

Beg. N. 1, N.wand: Amanitere

Amuntempel in Meroe: Amanitere

3. Einfacher schmaler Reif

Er wird selten allein getragen.

Belege:

Beg. S. 10, S.wand: Bartare

Ring Berlin 1696

4. Kombination eines breiten Halskragens, der unverziert und nur durch Teilstriche in Segmente eingeteilt ist, und des einfachen schmalen Reifs

Belege:

Beg. N. 11, N. 12, Bar. 2, 3, 6

5. Kette aus großen Kugeln

Sie ist der typische Halsschmuck der Prinzen.

Belege:

Löwentempel in Musawwarat, S.wand: Prinz *'Irkj*

Löwentempel in Naga: Prinz

Beg. N. 6, S.wand: Der Prinz sitzt hinter der Königin Amanishakhete

5a. Kugel an einem eng um den Hals liegenden Band

Belege:

Löwentempel in Musawwarat: Prinz *'Irkj*

6. Kombination von 3 und 5

Belege:

Beg. N. 20, S.wand: Der dem König Opfernde (Prinz ?)

Beg. N. 6, N.wand: Der hinter der Königin sitzende Prinz

Beg. N. 2, N.- u. S.wand: Opfernde

Beg. N. 22, N.- u. S.wand: Opfernder

Bar. 4, N.- u. S.wand: Königin und Opfernder

Bar. 3, S.wand: Opfernder u. a. m.

7. Kombination von 1 und 5

Belege:

Beg. N. 8, N.- u. S.wand: (ADIKHALAMANI) und die dahinter stehende Königin, bei der die Kugeln etwas kleiner sind

8. Kombination von 1, 3 und 5

Belege:

Beg. N. 12, N.wand: König (die Kugeln sind ziemlich klein)

Bar. 6, N.wand: Opfernder vor Königin Naldamak (zwei Reihen von Kugeln)

9. Kombination von 2, 3 und 5

Belege:

Beg. N. 20, S.wand: (TANYIDAMANI)

Beg. N. 5, N.- u. S.wand: Arikankharer

10. Etwas längere Kugelkette

Belege:

Beg. N. 12, N.wand: König

Bar. 4, N.wand: Königin

11. Lange Kugelkette, meist mit daran hängenden Amuletten

Belege:

Beg. N. 12, N.- u. S.wand: König (zusammen mit Nr. I0)

Beg. N. 13, N.wand: (NAQRINSAN)

Löwentempel in Naga: NATAKAMANI und Amanitere

Amuntempel in Meroe: NATAKAMANI und Amanitere

Tempel im Wadi el Banat: Amanitere

Statuette der Amanitere

12. Lange Kugelkette mit doppelten Scheiben (?) zwischen den einzelnen Kugeln

Belege:

Beg. N. 6, rechter Pylon: Amanishakhete

Beg. N. 19, Pylon: TAREKENIWAL

13. Band mit drei Widderköpfen

Um den Hals wird ein Band geschlungen, dessen Enden auf der Brust herabhängen und an dem sich drei Widderköpfe mit Sonnenscheibe befinden. Dieser Halsschmuck ist von der 25. Dynastie an gebräuchlich und wird bis zum Ende des meroitischen Reiches verwendet.

Belege:

Beg. N. 12–N. 26

auf den Tempeln des NATAKAMANI

Statue der Shanakdakhete

14. Sonderform a zu 13

Die beiden herabhängenden Bänder fehlen, evtl. liegt hier ein Fehler des Bildhauers vor.

Belege:

Beg. N.6, N.wand: Amanishakhete

15. Sonderform b zu 13

Eng um den Hals liegt das Band mit dem Widderkopf, an den herabhängenden Bändern befinden sich geschlossene Blütenknospen (?, evtl. ein Fehler des Bildhauers oder des Zeichners) oder die beiden Widderköpfe.

Belege:

Beg. S. 4, N.- u. S.wand: Kanarta

Beg. N. 8, S.wand: (ADIKHALAMANI)

Löwentempel in Musawwarat, S.wand: ARNEKHAMANI

16. Bänder mit Amuletten

Belege:

Beg. N. 4, S.wand: AMANI...TEKHA

17. Kette aus rhomboidförmigen Gliedern

Belege:

Beg. N. 11, N.wand: Shanakdakhete (vgl. Tfl. II)

18. Kette aus rechteckigen Gliedern

Belege:

Bar. 4, S.wand: Königin (zusammen mit 6 und 13)

19. Amulett

Belege:

Beg. N. 19, Pylon: TAREKENIWAL

20. Lange Kette aus ringförmigen Gliedern

Belege:

Beg. N. 19, S.wand: TAREKENIWAL

21. Kette aus unterschiedlich langen Bändern

Belege:

Bar. 5, N.- u. S.wand: Prinz

22. Herzamulett

Das Motiv eines an einem Band auf der Brust getragenen Herzamuletts wurde von ägyptischen Vorbildern entlehnt.

Belege:

Löwentempel in Musawwarat, S.wand: ARNEKHAMANI

Einige dieser Halsketten geben uns Möglichkeiten zur Datierung und Bestimmung der Denkmäler in die Hand.

Belege:

Die kurze Kugelkette ist nur einmal beim König zu finden und wird sonst von Königinnen und Prinzen bzw. den Opferpriestern getragen. Sie ist zum ersten Mal bei Beg. N. 8 belegt.

Die große Kugelkette ist dem Königspaar vorbehalten. Das erste Vorkommen ist bei Beg. N. 12 und N. 13 belegt.

Das Band mit den Widderköpfen ist der typischste meroitische Halsschmuck und wird von der 25. Dynastie an bis zum Ende des Reiches von Kusch unverändert gebraucht.

Über die meisten der ungewöhnlichen Ketten (15–22) läßt sich nichts aussagen, da sie jeweils nur einmal belegt sind.

2.3.4. Die sog. Knieschützer

In Kusch begegnen uns auf zwei Denkmälern an den Knien von Königen Löwenköpfe als Verzierungen.

Belege:

SHERKARER (Siegesdenkmal vom Gebel Qeili)

Relief aus der ehem. Sammlung Rosenberg

Die Löwenköpfe waren sicher auf lederne Hosen aufgenäht, da sich in den Pyramiden Beg. N. 16 und N. 18 mehrere runde Scheiben aus Silber von ca. 4 cm Durchmesser in Form von Löwenköpfen fanden, die an den Rändern Löcher zum Aufnähen hatten. Bei einigen waren noch Reste von Leder erhalten.

Diese Sitte ist mir aus Griechenland bzw. Rom und Ägypten nur bei Göttern bekannt.

1. In Ägypten haben mehrere pantheistische Zwergengreis-Gottheiten an den Knien Uräen,[169] in einigen Fällen auch Löwenköpfe.[170] Diese waren aber auch an anderen Körperteilen wie den Armen oder an der Spitze des erigierten Phallus angebracht.

2. Auf einem Relief aus Luxor, das in die römische Zeit gehört,[171] hat die männliche Gottheit ebenfalls Löwenköpfe an den Knien. Sie ist *en-face* dargestellt und in die Tracht eines römischen Kriegers mit Knemiden gekleidet. Den Kopf umgibt ein Nimbus und Strahlenkranz. Zur Interpretation der Gottheit siehe oben, S. 60.

3. In Castel Gandolfo wurde die Statue eines löwenköpfigen Kronos gefunden, die ebenfalls Löwenköpfe an den Knien hat.[172] Diese Löwenköpfe an den Knien erscheinen also nicht nur bei niederen Gottheiten, sondern auch bei Reichsgöttern. Eine Verbindung zu Kusch besteht möglicherweise in dem Luxor-Relief. Dort hat die Gottheit Nimbus und Strahlenkranz. Diese finden sich auch bei der Gottheit auf dem Siegesdenkmal des SHERKARER, die dem König ein Bündel Durra und gefesselte Feinde übergibt. Da gerade hier der König diese löwenköpfigen Knieschützer trägt, ist anzunehmen, daß sie als ein Attribut des Gottes von diesem auf den König übergingen, um ihm einen Teil der göttlichen Macht zu übertragen, wie das z. B. auch bei den Kronen in Ägypten der Fall ist. Allerdings kann auf keinen Fall das Luxor-Relief das Vorbild für die Meroiten gewesen sein, da es sehr sicher später entstanden ist. Gewiß aber handelt es sich um ein- und denselben Gott. Unter diesem Aspekt müßte die Frage erneut eingehend behandelt werden.

2.3.5. Die Insignien der königlichen Familie

Im Folgenden sind die wichtigsten Insignien und Attribute, die von dem Königspaar getragen werden, zusammengestellt, soweit sie auf den oben, S. 32f., genannten Denkmälern vorkommen. Der größte Teil von ihnen ist ebenfalls ägyptischen Ursprungs, anderes dagegen nur in Kusch belegt. Im Gegensatz zu den Kronen scheint hier aber der Gebrauch der Insignien gewissen Regeln unterworfen zu sein.

[169] Z. B. Roeder, Äg. Bronzefiguren, § 68c, vor allem § 134g; Festugiére, Rev.d'Eg. 8, 63ff., pl. 3 (Bronze aus dem Louvre); Vandier, ebenda, 70.
[170] U. a. bei Kairo 38696 (Roeder, a. a. O., § 147a und § 465e).
[171] Kairo 27572, vgl. oben, S. 60.
[172] Festugière, a. a. O., 68 Fig. 1.

1. Ährenszepter

a) langes Szepter

Belege:

Löwentempel in Naga: NATAKAMANI und Amanitere, beide vor (verschiedenen) Göttern stehend.

b) kurzes Szepter

Belege:

Löwentempel in Musawwarat: ARNEKHAMANI vor Apedemak

Löwentempel in Naga: NATAKAMANI und Amanitere

Stele Boston MFA 23.736, Rs.: TANYIDAMANI, mit dem Leopardenfell bekleidet vor Amun stehend

Ring Berlin 1723: Eine Königin, mit dem Leopardenfell bekleidet, vor Amun

2. Der sog. Reichsapfel[173]

Dieser Gegenstand, der die Form eines ägyptischen Spiegels[174] hat, nach Reliefs mit Detailzeichnung aber eindeutig eine Pflanze ist, findet sich erst in mittelmeroitischer Zeit, doch dann auf dem größten Teil aller Darstellungen des Königspaares.

Belege:

Beg. N. 2 (?), N. 6, N. 22 usw.

Ring Berlin 1723: Eine unbekannte Königin (vgl. Abschnitt 2.2.2.4.)

Ring Berlin 1696; Ein unbekannter König (vgl. Abschnitt 2.1.1.5.)

Löwentempel in Naga: NATAKAMANI und Amanitere

Amuntempel in Meroe: Amanitere und NATAKAMANI (?, zerstört)

---

[173] Bezeichnung nach Schäfer, Goldschmiedearbeiten, 126. Bissing sieht in ihm einen Pinienzapfen (Denkmäler, Nr. 123, 5. Seite).

[174] In Ägypten überreichen die Könige den Göttern tatsächlich Spiegel, vgl. Philae-Photo 1052.

3. Ägyptische Herrscherinsignien und Symbole

a) Geißel

Mit geringen Ausnahmen wird die Geißel bis zum Ende der meroitischen Zeit auf fast allen Kapellendarstellungen von den Verstorbenen in den Händen gehalten. Da sie auf Tempelwänden nicht zu finden ist, hat man sie wohl als reines Symbol des Herrschers der Unterwelt (Osiris) anzusehen.

b) *ḥkꜣ*-Stab

Er ist selten und ausschließlich auf Kapellenwänden belegt.

Belege:

Beg. N. 11, N. 20, N. 17, Bar. 6 und Bar. 5, mit Ausnahme von N. 17 immer auf der S.wand.

c) *Wꜣs*-Szepter

Ebenfalls nur auf einigen Südwänden der Pyramidenkapellen belegt.

Belege:

Beg. N. 11, N. 12, N. 2, Bar. 6

d) *ꜥnḫ*-Zeichen

Das *ꜥnḫ*-Zeichen in der Hand der Könige bzw. Königinnen ist sehr selten. Desto häufiger findet es sich bei Göttern.

Belege:

Beg. S. 10, N. 12, Bar. 6

4. Für Götter bestimmte Opfergaben

Die im Folgenden genannten Opfergaben, die die Herrscher den Göttern übergeben, gehen auf ägyptische Vorbilder zurück.

a) Kugeliges Opfergefäß

Belege:

Stele MFA 23.736, Vs., linke Darstellung: TANYIDAMANI

b) Lange Halskette

Belege:

Wie 4a.

c) Aus drei Teilen bestehende Kette Stele Khartoum 522: AMANIKHABALE (?)

d) Weihrauchgefäß

Belege:

Wie 4c.

Löwentempel in Musawwarat: Prinz *ʾIrkj*

5. Waffen

a) Schwert, Form 1 

Belege:

Löwentempel in Naga, linker Pylon: NATAKAMANI

„tablet“ aus Meroe: Arikankharer (in der Hand)

Pylon von Beg. N.19: TAREKENIWAL

b) Schwert, Form 2 

Belege:

Stele MFA 23.736, Vs., rechte Darstellung: TANYIDAMANI (nicht sicher zu erkennen)

Löwentempel in Naga, rechter Pylon: Amanitere

Löwentempel in Meroe: Amanitere

„tablet" aus Meroe: Arikankharer (im Gürtel)

Denkmal vom Gebel Qeili: SHERKARER

Relief aus der ehem. Sammlung Rosenberg: unbekannter König

Pyramide Beg, N. 1, Beg. N. 18 und alle weiteren Pyramiden

c) Bogen

Belege:

Auf den Pyramidenkapellen Beg. N. 20, N. 19, Bar. 5.

Auf den Pylonen der Pyramidenkapellen Beg. N. 6 und N. 19

SHERKARER

d) Lanze oder Speer

Belege:

Beg. N. 19

Pylone von Beg. N. 6 und N. 19

SHERKARER

e) Pfeile

Belege:

Beg. N. 19

Pylone von Beg. N. 6 und N. 19

SHERKARER

6. Stäbe

Die meroitischen Herrscher haben eine Vielzahl von Stäben verwendet. Viele scheinen keine konkrete Bedeutung zu haben und reine Phantasieprodukte zu sein,

Sie sind ikonographisch unergiebig, deswegen ist auf eine detaillierte Besprechung verzichtet worden.

Wichtig ist dagegen der sog. Kastenstab. Es ist ein langer Stab, an dessen oberem Ende sich eine kapellenförmige Verzierung befindet, deren Form unterschiedlich und manchmal mit einer Uräusschlange gekrönt ist.

Belege:

Löwentempel in Musawwarat: ARNEKHAMANI

Votivtafel aus dem Löwentempel in Meroe: TANYIDAMANI

Stele aus dem Isistempel von Meroe: TERITEQAS

Ring Berlin 1696: unbekannter König

Auf den meisten Kapellenreliefs vom Typ B und C (ab Beg. N.11)

7. Palmwedel

Der Palmwedel als Attribut des Königs ist von den Meroiten aus Ägypten übernommen worden, wo er als Palmrippe bereits im Neuen Reich belegt ist.[175] In Kusch hat sich aber seine Form beträchtlich gewandelt. Er hat sowohl auf einer als auch auf beiden Seiten Blätter, die unterschiedlich lang sein können. Oftmals hängen auch *ʿnḫ*-Zeichen daran. Dies findet sich in ptolemäischer Zeit auch in Ägypten.

Alle Belege stammen von Kapellenreliefs. Das ist sehr eigenartig, denn somit scheint der Palmwedel in Kusch ausschließlich im Totenkult Bedeutung zu haben. Die in den Registern der Kapellenwände vom Typ B und C dargestellten Personen tragen auch zum größten Teil solche Palmwedel in den Händen, was ebenfalls als ein Hinweis auf funeräre Gebräuche anzusehen ist.

8. Blüten- und Blumenbündel

Blumen oder Blütenbündel (?) werden oftmals von den Herrschern in den Händen gehalten. Meist sind die Formen nicht genau auszumachen, da die Reliefs vielfach flüchtig gearbeitet sind und die Details vernachlässigen.

Das beste Beispiel eines solchen Blütenbündels bietet der Löwentempel des ARNEKHAMANI in Musawwarat.

[175] Vgl. Gardiner, Grammar, Sign-list: M 4.

3. Fragen der meroitischen Chronologie

Reisner hat in seinem grundlegenden Aufsatz: „The Meroitic Kingdom of Ethiopia: A Chronological Outline“[176] eine erste Chronologie der meroitischen Herrscher anhand eingehender Studien des archäologischen Materials gegeben, die durch spätere Funde in großem Maße bestätigt, in einigen Fällen aber modifiziert werden konnte. Nachdem seit Reisner und Griffith – mit Ausnahme von Vycichl und Zyhlarz – eine größere Pause in der Beschäftigung mit der meroitischen Kultur und Sprache eingetreten war, haben sich seit einiger Zeit die Forscher Arkell, Dunham, Hintze und Macadam erneut diesem – eigentlich schon weitab vom ägyptischen Kulturbereich liegenden – Stoff gewidmet und zahlreiche neue Fakten und Hypothesen geliefert. Bei meiner Arbeit zur Ikonographie der Darstellungen der meroitischen Königsfamilie, während der ich noch einmal das vorliegende archäologische Material einer teilweise eingehenden Betrachtung unterzogen habe, gelangte ich auch zu Fragen der Geschichte und Chronologie. Es ergab sich, daß einige Veränderungen in der Reihenfolge der meroitischen Herrscher vorgenommen werden mußten. Aber auch die Auffindung eines Löwentempels des ARNEKHAMANI in Musawwarat el Sufra durch Hintze 1960, womit dieser König auch im Raum von Meroe nachgewiesen werden konnte, hat mich veranlaßt, nochmals zu der Frage der beiden meroitischen Nebendynastien von Napata Stellung zu nehmen. So komme ich zu der Annahme, daß die von Reisner für ihre angebliche Existenz vorgebrachten Argumente nicht ausreichen und diese Nebendynastien wohl nicht bestanden haben können. Infolgedessen ergibt sich für die Zeit nach NASTASEN eine neue Herrscherfolge mit z. T. erheblich veränderten Regierungszeiten.

Zum anderen scheint mir die von Macadam[177] geäußerte Vermutung, daß es sich bei dem Titel „Kandake“ um die Bezeichnung der Königinnenmütter handelt und diese demzufolge nicht in die Herrscherliste aufzunehmen sind, recht wahrscheinlich, wodurch weitere Modifikationen notwendig wurden. Mit Ausnahme der im Nachfolgenden einzeln begründeten Veränderungen habe ich mich auf die letzte, von Hintze[178] aufgestellte Chronologie gestützt.

---

[176] JEA 9, 1923, S. 34ff.
[177] Kawa I, XI–XII.
[178] Opfertafeln; Inschriften des Löwentempels.

3.1. Die Pyramide Beg. S. 10 der Königin Bartare

Von den neun auf dem Südfriedhof von Meroe stehenden Pyramiden gehören nur zwei Königen, während in den restlichen sieben Königinnen bestattet wurden. Inhaber von Beg. S. 10 war *z3-Rꜥ* Bartare *z3-Rꜥ* Kalkai nach den erhaltenen Kartuschen auf der Nordwand der Kapelle. Reisner[179] hielt Bartare für einen König, doch zeigen die Reliefs deutlich eine Frau, worauf bereits Lepsius[180] aufmerksam gemacht hat. Den zweiten Namen „Kalkai“ will Dunham[181] als eine Schreibung für Kandake ansehen (vgl. unten, S. 100). Allerdings spricht er von einer „ruling queen“, wogegen sich verschiedene Zweifel erheben:

1. Die Grabanlage besteht bei dieser Pyramide aus zwei Kammern (Dunhams Typ V B), die sonst nur nichtregierende Königinnen haben, während die Grabanlage der Königspyramiden aus drei Kammern (Typ V C) besteht. Dazu sagt Dunham: „We know that the Meroitic kingdom produced a number of ruling queens at a later period, women who bore all the attributes of a king, and the writer sees no alternatives but to regard the owner of Beg. S. 10 as the first of this series...“.[182] Von den anderen Königinnenpyramiden des Südfriedhofes ist nur bei S. 4 die Kapelle erhalten, bei der die Namen ebenfalls in Kartuschen geschrieben sind, wo aber die entsprechende Titulatur „*z3-Rꜥ*“ fehlt. Sicher aus diesem Grund wurde die dort Bestattete nicht als regierende Königin angesehen.

2. Bei einem Vergleich der erhaltenen Reliefs dieser beiden Pyramidenkapellen fällt auf, daß die Technik bei S. 10 eine völlig andere ist als bei S. 4. Bei der ersten sind die Darstellungen nur roh eingekratzt, die Linien sind ungleichmäßig dick und offensichtlich sehr flüchtig. Bei S. 4 dagegen sind die Reliefs erhaben und von sauberer Linienführung unter Angabe von Details, während die Hieroglyphen vertieft sind. Der Stil ähnelt hier weitgehend dem der Kapelle von Beg. S. 5 des Königs AMANISLO.

3. Auch die Hieroglyphen selbst sind sehr unterschiedlich. Bei S. 4 sind sie ordentlich geschnitten und das ägyptische Vorbild oftmals noch erkennen lassend, während sie bei S. 10 nur roh eingekratzt und in der Form recht unverständlich sind. Auch sind hier weniger hieroglyphische Texte als bei S. 4 angebracht.

---

[179] JEA 9, 38, 41.
[180] LD V Text, 324.
[181] RCK IV, 13–14.
[182] Ebenda, 47, Anm. 4.

4. Nicht nur in der Technik, sondern auch im Inhalt sind die Darstellungen dieser beiden Pyramiden verschieden. Bei S. 4 haben wir eine sehr große Übereinstimmung mit S. 5, bei S. 10 dagegen sitzt die Königin auf einem einfachen Thron, hält statt der Geißel ein *ꜥnḫ*-Zeichen in der Hand, wie auch sonst einige Abweichungen festzustellen sind (vgl. dazu oben, S. 21.).

Wie ich oben ausführte, gehört Beg. S. 10 trotz der Abweichungen zum Typ A. Allerdings ist nicht zu erkennen, warum die hier bestattete Königin eine „ruling queen" sein soll. Die Reliefs weichen vom Typ ab und sind in der Ausführung sehr schlecht, während sie bei der nichtregierenden Königin von S. 4 wesentlich besser sind. Hinzu kommt die Art der Grabkammer, die der von nichtregierenden Königinnen entspricht. Aus allem kann man schließen, daß es sich bei der Königin Bartare um keine regierende Herrscherin handelt. Hinzu kommt der Titel Kandake (Kalkai geschrieben), der nicht die regierende Königin, sondern Königin-Mutter bzw. Mutter des Thronfolgers bedeutet.

Die vorhandene Titulatur ist nicht ausschlaggebend, da sie nur noch schematisch verwendet und nicht mehr verstanden wurde (vgl. dazu auch unten, S. 101f.).

Aus diesem Grunde habe ich die Inhaberin von Beg. S. 10 aus der Liste der meroitischen Herrscher gestrichen.

3.2. Zur sog. „Ersten meroitischen Dynastie von Napata"

Reisner hatte als Ausgräber der Friedhöfe von Barkal und Meroe die Theorie einer „Ersten Nebendynastie von Napata" aufgestellt, die sich nach dem Tode des NASTASAEN in die Herrschaft über das meroitische Reich mit Königen in Meroe geteilt habe. Reisner meinte sogar, daß der König von Bar. 11 wegen der Größe dieser Pyramide als Nachfolger des NASTASEN zuerst über ganz Meroe (308–300), dann aber (von 300 bis zu seinem Tode 283) nur über den Raum von Napata geherrscht habe. Anschließend hätten aber die beiden Herrscher von Meroe ARAKAKAMANI (von Reisner als Nachfolger des Königs von Bar. 11 300–280 angesetzt) und AMANISLO (280–265) ihrerseits für etwa acht Jahre (283–275) auch über Napata geherrscht, da sich von letzterem eine Inschrift in Barkal fand.

Diese Reisnersche Hypothese ist recht problematisch. Hintze[183] glaubt eine Lösung der Schwierigkeiten in der Annahme zu sehen, daß die beiden Reiche unter gegenseitiger Anerkennung der Titel und der Hoheitsrechte in einem friedlichen Verhältnis zueinander standen, so daß das Vorkommen des Namens AMANISLO in

[183] Opfertafeln, 22–23; Inschriften des Löwentempels, 10ff.

Barkal „nicht auf eine Unterbrechung in der Reihe der Herrscher der ‚Ersten meroitischen Dynastie von Napata' hindeuten" muß.

Auch von anderen ist diese Nebendynastie beibehalten worden, jedoch äußern Macadam[184] und Arkell[185] gewisse Zweifel. Reisners Theorie stützte sich vor allem auf die Annahmen, daß

1. die frühen Barkal-Pyramiden, die er in die Gruppen a) (Bar. 11–15, 24), b) (Bar. 18, 19) und c) (Bar. 7, 8) gliederte, mit den Pyramiden von Meroe Beg, S. 6, S. 5, S. 10, N. 4, N. 53 und N. ? zeitgleich wären und
2. , daß sie eine kohärente Gruppe bilden, obwohl sie durch ihre Lage deutlich getrennt sind.

Zu 1:

Für Reisner waren die Einheitlichkeit des Pyramidenoberbaues und die Art der Gründungsdeposite bestimmend. Von den zehn Barkal-Pyramiden haben die ersten vier keine Grundsteinbeigaben, die nächsten drei (15, 24 und 18) haben „leads", während bei den drei letzten (19, 7 und 8) sowohl „leads" als auch „tablets" zu finden waren. „This fact, with the sequence of type-forms, leads me to conclude that the eight tombs [gemeint sind alle Pyramiden mit Ausnahme von Bar. 7 und 8] form an unbroken succession and, taking only the king's tombs, N [sic! gemeint ist Bar.] XI, XIV, XV, XVIII and VII, represent five generations".[186]

In dem Umstand, daß verschiedene Arten von Grundsteinbeigaben sich nicht nur auf eine bestimmte Pyramidengruppe beschränken, sondern auch in anderen zu finden sind, kann m. E. kein Beweis für die enge Zusammengehörigkeit, sondern höchstens für eine gewisse zeitliche Nähe sein. Auch die Einheitlichkeit des Pyramidenoberbaues spricht nicht so sehr für eine absolute Zeitgleichheit mit den Meroe-Pyramiden, sondern mehr für den Umstand, daß sie in eine Gruppe zu ordnen sind, dabei aber innerhalb dieser Gruppe auch aufeinander folgen können.

---

[184] Kawa II, 19–20: „With the building of the latter's [d. i. NASTASEN] tomb the last available space in the royal Napatan cemetery at Nuri, begun when the kings reigned at Napata but continued long after they had removed to Meroe, was used up. ...There is enough evidence to suggest that the kings who ruled at Meroe at this time, namely those buried in the South Cemetery, were related by family ties with those whom Reisner considered to have ruled only at Napata. I conceive it as possible that the Barkal (Napata) pyramids of this time are really those of kings and queens who resided as before at Meroe, but who contrived to continue the old tradition of constructing their pyramids at Napata, for the idea that rulers should be buried at Meroe was a new one and the process was probably gradual. This may raise difficulties of chronology, for a somewhat larger number of reigns would need to be fitted into the allotted time if this proposal were accepted, ... It seems at least legitimate to cast doubt upon the existence of a separate Meroitic Kingdom of Napata".

[185] History[1], 157.

[186] A. a. O., 65.

Zu 2:

Bedeutender war für Reisners Theorie allerdings die zweite Annahme, daß die genannten Barkal-Pyramiden eine kohärente Gruppe bilden. Während nun die Pyramiden der Gruppen a) und b) die gleiche Grabanlage haben wie die königlichen Meroe-Pyramiden des Südfriedhofes sowie N. 4 und N. 53, wird bei Bar. 7 (und 8) ein neuer Typ verwendet, der sich in Meroe zum ersten Mal bei der Pyramide Beg. N. 7 (des ERGAMENES) findet. Gehören die drei Barkal-Gruppen a), b) und c) wirklich zusammen, wie Reisner meinte, so müßte dadurch Bar. 7 zum Vorbild in der Grabanlage für Beg. N. 7 werden.

Dazu sagt Reisner: „It is only possible, therefore, to place Bar. VII immediately before Beg. N. VII and to conclude that the P3-chambers were first introduced at Napata in the P3 (2+2+2)-form and at Meroe in the succeeding reign in the P3 (2+2)-form. It is possible that Ergamenes was the son-in-law of the queen of B VIII“.[187]

Das ist m. E. recht unwahrscheinlich, war doch ERGAMENES ein weithin bekannter König, der griechische Bildung genossen und einen engen Kontakt mit dem ptolemäischen Ägypten gehabt haben soll, wo er sich an Tempelbauten beteiligte und gewiss auch die Anregungen für die Neugestaltung seiner Pyramide erhielt, die sich nicht nur auf die Grabanlage, sondern auch auf die Reliefs der Kapellenwände erstreckte. Ich glaube, daß eher umgekehrt Beg. N. 7 als Vorbild für Bar. 7 diente. Damit wäre aber gesagt, daß Bar. 7 zeitgleich oder sogar noch später als Beg. N. 7 sein muß, wodurch eine ununterbrochene Folge der Barkal-Pyramiden einschließlich Gruppe c) ausgeschlossen wird.

Ich sehe keinen gravierenden Grund, der dem entgegensteht. Nur bleibt dann die Frage, wer in Bar. 7 (und 8) bestattet wurde und zu welcher Zeit dies geschehen sein könnte. Es kann sich kaum um einen König handeln, der dann ja ein Rivale des ERGAMENES oder einer seiner Nachfolger gewesen sein müßte. Vielleicht handelt es sich hier um einen Prinzen, der in der alten Hauptstadt Napata tätig war, sich dort zusammen mit seiner Frau (Bar. 8) auch bestatten ließ und den von ERGAMENES eingeführten Pyramidentyp zum Vorbild nahm.

Ein weiteres Problem war für Reisner (und auch für Macadam, siehe oben, S. 93, Anm. 184) die Unterbringung von zehn Königen (fünf aus Barkal: 11, 14, 15, 18, 7 und fünf aus Meroe: S. 6, S. 5, S. 10, N. 4, N. 53) auf einen verhältnismäßig kurzen Zeitraum. M. E. sind aber nur drei Pyramiden in Barkal als Königsgräber anzusprechen (wenn wir annehmen wollen, daß Bar. 7 wirklich nur das Grab eines Prinzen war), denn Bar. 18 dürfte das Grab einer nichtregierenden Königin sein, da ihre Grabanlage nur aus zwei Räumen besteht, wie es für Königinnen üblich war, während Könige eine Grabanlage mit drei Räumen haben. Reisner meint: „The burial chambers of B XVIII are of O2-type but well cut end with a wide first room. In view of the Beg. examples (S.

---

[187] A. a. O., 65.

X and N. IV)[188] of O2 kings' tombs about this time, I would identify B XVIII as a kings tomb".[189] Daß ihre Grabkammern „well cut" sind und „a wide first room" haben, reicht noch nicht aus, sie trotz O2-Grabanlage für die Pyramide eines Königs zu halten. Aus diesem Grunde habe ich auch Bar. 18 als Königspyramide eliminiert, so daß nur die drei Pyramiden 11, 14 und 15 in Betracht kommen.

Vom Meroe-Friedhof kann wohl auch die Pyramide Beg. S. 10 als das Grab einer nichtregierenden Königin aus der Herrscherliste ausgeschieden werden (siehe oben, S. 91f.), so daß in einen Zeitraum von fast 100 Jahren (315–218) sieben Herrscher unterzubringen sind.

Die hier aufgezeigten Argumente zusammengenommen lassen den Schluß zu, daß die Reisnersche „Erste meroitische Nebendynastie von Napata" wahrscheinlich nicht bestanden hat und daß die drei Könige von Barkal mit in die Herrscherliste der meroitischen Könige aufzunehmen sind.

Auf die Tatsache, daß der königliche Friedhof nach dem Tode des NASTASEN (Nu. 15) von Nuri zuerst nach Barkal verlegt wurde, scheint mir neben der Weiterverwendung des gleichen Grabanlagentyps folgender Umstand hinzudeuten: Im Tempel B 551 von Barkal fand sich vermauert die Totenstele der Frau des NASTASEN, Sachmach.[190] Das läßt darauf schließen, daß sie auch in Barkal, dem jetzigen königlichen Friedhof, begraben wurde, denn es ist recht unwahrscheinlich, daß die Stele von dem mehr als zehn km weit entfernt liegenden Friedhof in Nuri über den Fluß nach dort verschleppt worden sein sollte, nur um vermauert zu werden.[191]

Von den drei auf NASTASEN folgenden und in den Barkal-Pyramiden 11, 14 und 15 bestatteten Königen haben wir vielleicht die Namen, doch bleiben natürlich die Zuschriften recht hypothetisch.

In der Inschrift Kawa XIII[192] werden die beiden Könige PIANKH-YERIKE-QA  und *Ḥꜥ-m-npe* SABRAKAMANI  genannt. Sie könnten Eigentümer zweier Pyramiden in Barkal sein.[193]

Ein dritter König namens ARYAMANI  ist uns durch seine zwei Stelen aus Kawa bekannt.[194] Nach Hintze[195] ist der Schriftcharakter der Stelen später

[188] Bei S. 10 irrt Reisner. Sie ist ein Königinnengrab, vgl. Dunham, RCK IV, 13–14 und oben, S. 91f.
[189] A. a. O., 59.
[190] Khartoum 1853. Vgl. PM VII, 216; Dunham-Macadam, JEA 35, 1949, 146, Nr.65.
[191] Vgl. die Karte in KUSH II, 1954, 67
[192] Macadam, a. a. O. I, 72–76.
[193] Ich denke, daß es sich bei der dritten Kartusche dieser Inschrift  (vgl. Macadam, a. a. O. I, 73 74) um den Titel 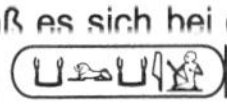 handelt, den Dunham mit „Kandake" gleichsetzt. Macadam will darin den Namen der Königin Bartare Kalkai von Pyr. Beg. S. 10 sehen.
[194] Kawa XIV und XV, Macadam, a. a. O. I, 76–81.
[195] Opfertafeln, 23 und Inschriften des Löwentempels, 14.

als der von Kawa XIII. Allerdings hat ARYAMANI etwa 25 Jahre regiert,[196] was für die relativ kleine Pyramide Bar. 15 doch wohl zu lang wäre.[[197]] Deshalb möchte ich trotz Hintzes gegenteiliger Auffassung diesem König die Pyramide Bar. 11 zuschreiben, so daß PIANKH-YERIKE-QA und SABRAKAMANI die Pyramiden Bar. 14 und 15 gehören könnten. Dem bislang als Inhaber von Bar. 11 angesehenen König ARNEKHAMANI[198] ist sicher die Pyr. N. 53 von Meroe (siehe unten, S. 104f.) zuzuweisen.

Nach dem Tode des letzten dieser drei Könige ist der Friedhof in Barkal aufgegeben und dann von ARAKAKAMANI in Meroe, der Stadt, die bereits seit Jahrhunderten Residenz ist, angelegt worden. Es ist verständlich, wenn sich von dessen Nachfolgern AMANISLO[199] und ARNEKHAMANI im Raum von Napata Nachweise fanden, die sowohl bei ihrem Vorgänger als auch bei ihren Nachfolgern wohl nur zufällig nicht erhalten sind. Daß andererseits die drei in Barkal bestatteten Könige nicht in Meroe nachzuweisen sind, dürfte ebenso auf Zufälligkeiten beruhen, konnte doch z. B. von dem bislang nach Barkal (11) verwiesenen ARNEKHAMANI erst jetzt ein Nachweis im Raum von Meroe erbracht werden. Aus dem Gesagten halte ich folgende Chronologie für möglich:

(27) NASTASEN	Nu. 15	335–315 (20)
(28) (ARYAMANI)	Bar. 11	315–290 (25)
(29) (PIANKH-YERIKE-QA)	Bar. 14	290–280 (10)
(30) (SABRAKAMANI)	Bar. 15	280–270 (10)

3.3. Zur sog. „Zweiten meroitischen Dynastie von Napata"

Reisner stellte aufgrund seiner archäologischen Ergebnisse, zu denen er bei den Ausgrabungen der Pyramiden von Barkal und Meroe kam, fest, daß eine Gruppe von Barkal-Pyramiden, bestehend aus Bar. 1–4, 6 und 9–10 (group e und f) mit den Pyramiden Beg. N. 20 und folgende zeitgleich ist, so daß nach ihm die in Bar. 6, 4, 2, 9 und 10 bestatteten Könige bzw. Königinnen einer napatanischen Nebendynastie

[196] In seiner Stele Kawa XV ist sein 23. (?) Jahr belegt.

[197] *Von der Reisnerschen Vorstellung, dass die Größe der Pyramiden mit der Länge der Regierung korreliert, hat sich die Sudanarchäologie schon lange getrennt. St. Wenig, Juni 2011.*

[198] Dunham, RCK IV, 6; Hintze, Opfertafeln, 24. Derselbe jetzt aber anders, Inschriften des Löwentempels, 10f.

[199] Zwei Löwen Amenophis' III. aus Soleb, später zum Gebel Barkal verbracht und am Tempel B 1100 aufgestellt, mit dem Namen des AMANISLO (nach dem in Aida der König von Äthiopien Amonasro genannt wurde. Den Text zu dieser Oper schrieb A. Mariette), 1829 von Lord Prudhoe nach London gebracht und 1835 dem British Museum geschenkt (BM 1 und 2). Vgl. P.M. VII, 211–12, sowie Kawa II, 247.

angehören würden.[200] Diese Nebendynastie wird von Dunham angezweifelt.[201] Er ordnet die Herrscher TERITEQAS, seine Gemahlin Amanirenas und beider Sohn AKINIDAD in die meroitische Herrscherliste ein, wobei er aber weiterhin mit Reisner annimmt, daß sie in Barkal bestattet seien. Dadurch würde 1. der Begräbnisplatz mehrmals zwischen Meroe und Barkal wechseln und 2. die Königin Amanishakhete zur Gegnerin des Petronius werden (23 v. Chr.). Der Ansicht von Dunham schloß sich Arkell bedingt an.[202]

Hintze[203] hat dieser Theorie mit Nachdruck widersprochen, kehrt aber zur Reisnerschen These einer Nebendynastie von Napata zurück. Da sich nun Denkmäler beider Herrschergruppen sowohl in Meroe als auch in Napata nachweisen lassen, glaubt er, daß das Verhältnis der beiden Dynastien zueinander ein friedliches gewesen sei unter Anerkennung der gegenseitigen Rechte.

Nach Hintze[204] sprechen folgende Gründe für die Existenz einer Nebendynastie:

1. TERITEQAS, Amanirenas und AKINIDAD sind, wie Griffith begründete, die Gegner des Petronius gewesen.
2. Amanirenas kann, dafür hat Macadam den Nachweis erbracht, nicht längere Zeit vor Amanishakhete regiert haben.
3. Die Inschriften Kawa 105 (des AKINIDAD) und Kawa 106 (der Amanishakhete) gehören eng zusammen.

Die Lösung des Problems kann unter Anerkennung der Richtigkeit dieser Punkte in einer anderen Weise vorgeschlagen werden:

Bei der Hypothese einer zweiten Nebendynastie von Napata ging man von der nicht bewiesenen Annahme aus, daß TERITEQAS, Amanirenas und AKINIDAD am Gebel Barkal bestattet wurden. Wir haben in Napata aus dieser Zeit sieben Pyramiden, von denen höchstens zwei einem König (Bar. 2 und 9), die anderen aber Königinnen bzw. Prinzen oder Prinzessinnen gehörten. Schon allein dies ist auffällig. Außerdem sind die Darstellungen auf den Kapellenwänden in Barkal zu denen von Meroe verschieden. Da auf den Barkal-Pyramiden, mit Ausnahme von Bar. 6 der sonst nicht weiter bekannten Königin Naldamak, keinerlei Inschriften Auskunft über die dort Bestatteten geben, können wir annehmen, daß ebenso wie bei Bar. 7 keine Könige, sondern Angehörige des Königshauses, die in Napata residierten, dort bestattet wurden.

Wir müssen uns weiter fragen, ob es möglich ist, daß zwei Dynastien selbst in friedlicher Weise nebeneinander bestehen konnten und die Könige des einen

200 JEA 9, 56 und 76.
201 RCK IV, 4–5.
202 History[1], 158 unter Veränderung der Regierungszeiten.
203 Opfertafeln, 24f.
204 Ebenda.

Herrschaftsgebietes in dem anderen Denkmäler hinterlassen und dort sogar gebaut haben. Und auffällig bleibt weiterhin, daß in den Kampfberichten gegen die Römer nur die napatanischen Herrscher in Erscheinung treten, die aber mehrmals in Meroe waren, wo ein ihnen befreundetes Königshaus gesessen habe. Dann aber, als die Römer nach dem meroitischen Angriff auf Syene im Gegenstoß bis nach Napata vordringen und die Stadt zerstören, fliehen die dortigen Herrscher nach Meroe, bringen sogar ein Teil der Beute (Augustuskopf) mit, der dann in einem dortigen Palast versteckt wird.[[205]] Nach Konsolidierung der Verhältnisse hätte dann die Königin von Meroe dem napatanischen Herrscher bei der Restaurierung seiner Tempel (Kawa 106) geholfen.

Man wird zugeben müssen, daß dies etwas unwahrscheinlich klingt. Auch Arkell bezweifelt diese Nebendynastie von Napata, wobei für ihn die Tatsache ausschlaggebend war, daß es in Barkal mehr Königinnen- als Königspyramiden gibt und daß die Herrscher TANYIDAMANI, AMANIKHABALE, TERITEQAS, Amanirenas, AKINIDAD und Amanishakhete offensichtlich in ganzen Reich geherrscht haben: „... and there seems little if any roots for Reisner's Second Independent Kingdom of Napata. The Barkal pyramids may indeed be tombs of princes and princesses of the Napatan branch of the royal family who did not reign."[206] So fügt er diese drei Herrscher in die meroitische Königsliste ein, ohne ihnen aber eine Pyramide in Meroe nachweisen zu können. (Dies wäre kein überzeugendes Gegenargument, da wir noch mehr Könige kennen – z. B. SHERKARER, TEQERIDEAMANI II. – von denen keine Pyramide bekannt ist). Arkell hat die Regierungszeiten der Könige gegenüber denen von Hintze geringfügig geändert.

42. ((...KHALE))?	N. 21	100–85
43. ((...AMANI))?	N. 14	85–70
44. (AMANIKHABALE)	N. 2	70–50
45. TERITEQAS		50–30
46. Amanirenas		30–20
47. AKINIDAD		20–15[207]
48. Amanishakhete	N. 6	15–2
49. NATAKAMANI	N. 22	2 v.–23 n. Chr.[208]

[205] *Das wird heute anders gesehen. St. Wenig, Juni 2011.*
[206] History², 161.
[207] Die Regierungszeit des AKINIDAD wurde etwas verkürzt, da im Jahre 13 v. Chr. (nach einer griech. Inschrift in Dakka – vgl. Hintze, Opfertafeln, 26) eine Königin in Meroe herrschte.

51. (PISAKAR)	N. 15	26–37
52. AMANITARAQIDE	N. 16	37–47
53. AMANITENMENIDE	N. 17	47–62

3.4. Zum Titel „Kandake"

Der Titel „Kandake" zur Bezeichnung meroitischer Königinnen ist in außermeroitischen Quellen mehrfach belegt.[209] Man hat ihn als eine Bezeichnung für die regierende Königin, gar als einen Eigennamen angesehen, doch verschiedentlich Zweifel geäußert. Da diese Frage für die Chronologie der Herrscher von Kusch von Bedeutung ist, will ich mich nochmals mit diesem Problem beschäftigen.

Griffith zitiert in seinem Kommentar zu der meroitischen Inschrift Philae 101 der Königin Lakhideamani die Bemerkungen eines Scholastikers zu Acta VIII, 27, die in seiner Übersetzung wie folgt lauten: „The Ethiopians call every mother of the king Candace, so says Bion in the first book of the Ethiopica ... But the mother of each (king) they call Candace".[210] Zu dieser Glosse sagt Griffith[211]: „Not much importance is to be attached either to the quotation from Bion or the remark of the scholiast. Bion of Soloi is hardly known except from this quotation and some Ethiopian itinaries in Pliny containing names ... The name Candace has been identified above with Katake (Part I, pp. 55, 71); otherwise a derivation from zakhe, ‚to bear', ‚mother' might be worth suggesting".

In seiner Bearbeitung der Stele des Prinzen Akinidad übersetzt Griffith allerdings den Titel *kdwe* mit „royal-mother".[212] Budge[213] spricht in diesem Zusammenhang einmal von der „queen-mother", ohne auf diese Frage näher einzugehen.

Auch Arkell,[214] Macadam,[215] Dunham[216] und Hintze[217] ziehen in Erwägung, ob nicht der Titel Kandake die Bedeutung „Königin-Mutter" habe.[218] Soviel ich sehe, findet sich dieser Titel bei sechs Königinnen:

---

[208] Eine zeitliche Verschiebung des NATAKAMANI ist durchaus zulässig, da seine Ansetzung 15 v.–15 n. Chr. von Reisner nur aufgrund der Restaurierung der Barkal-Tempel B 503 u. B 506, die durch Petronius zerstört worden seien, vorgenommen wurde. Jedoch kann die Restaurierung auch später erfolgt sein.

[209] Bei antiken Schriftstellern wie Plinius, Strabo, Dio Cassius, Pseudo-Callisthenes sowie in der Apostelgeschichte VIII, 27.

[210] Zitiert nach Griffith, Mer. Inscr. II, 39f.

[211] Ebenda.

[212] Griffith, Mer. Studies IV; JEA 4, 1917, 165.

[213] Sudan II, 169.

[214] History[2], 162.

[215] Kawa I,XI–XII: „In fact it now seems dimly to be perceived that the line of Ethiopian queen mothers, whose importance may have arisen through the practice of adoption, may in turn have given rise to the Meroitic line of Kandakes, and that the Meroitic *kdke* is simply the equivalent of *mwt-nswt*, ‚King's Mother'".

[216] RCK IV, 8.

1. Bartare (Pyramide Beg. S. 10)[219]

2. Kanarta (Pyramide Beg. S. 4)[220]

3. Königin (Kawa VII)[221]

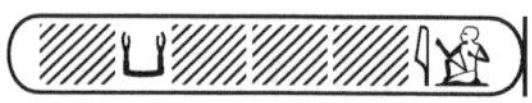

Macadam bringt diese Kartusche in Verbindung mit der Königin von Beg. S. 10 Bartare, doch sei die Identität der Kartuschen „far too uncertain“[222]. Auch Dunham[223] nimmt hierzu Stellung und macht glaubhaft, daß die Kartusche, falls sie überhaupt als „Kandake“ zu lesen sei, nicht auf Bartare zu gehen brauche, sondern auch auf andere Königinnen zutreffen könne.

4. Amanirenas

a) Kawa 28[224]

1. *Amnirens* : *qêr* : *kdke*

2. I: *wtemrēšē* : *Akinidd*:

3. *pqr qērislw* : *pešti*

etc.

---

[217] Opfertafeln, 29, Anm. 5.

[218] Verfehlt ist der Versuch von Cottevielle-Giraudet, Le nom de Candace, Mel. Maspero I, 2 Fasc., 739–51, den Titel Kandake (*kdke*) unter Heranziehung des Nubischen aus *kt* „groß“ und *ke* „Haus“ als „grand maison, Pharaon“ erklären zu wollen (z. B. ist das meroitische Wort für „groß“ *lẖ*).

[219] Griffith, Mer. Inscr. I, 87 und RCK III, pl. 4 A–B. Dunham, a. a. O., 13–14 u. 47, Anm. meint, daß *Klki* (Kalkai) „would stand for Kandake and the Lion L or R would be equated to the sound RD = D, the N being omitted“.

[220] Griffith, Mer. Inscr. und RCK III, pl. 3 B.

[221] Kawa I, 72f.

[222] Ebenda, 75.

[223] A. a. O., 13–14.

[224] Kawa I, 100–102, pl. 49 u.50 „on the cornice of a bronze shrine“, gefunden in der Säulenhalle vom Tempel T.

b) Inschrift am Tempel von Dakke = Mer. Inscr. 92[225]

1. *Teriteqs*

2. *qêre* : *Ren*

3. *s kdke* :

4. *Akidd* ... etc.

c) Stele des Akinidad[226]

1. *Amnirens* : *qereli* : *kdweli* : ...etc.

d) Meroe 12 c[227]

1. *Teriteqs qere Amnirens kdke* etc.

5. Amanishakhete (Obelisk von Meroe)[228]

1. *[al]eqes* : *Amn[i]*

2. *šḫetê* : *qêr* : *kd[kel :]*

3. *pewide m[lêl*

etc.

6. Amanitere

a) Naga, Löwentempel (Mer.Inscr. 4)[229]

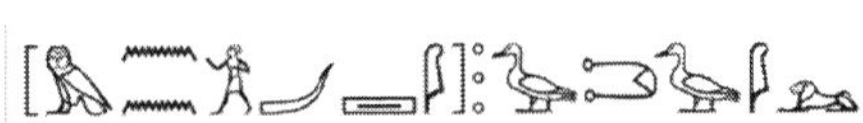

[225] Griffith, Mer. Inscr. II, 25–26; derselbe auch in Roeder, Dakke I, 375ff. und II, Taf. 23.
[226] Griffith, Mer. Studies IV, JEA 4, 1917, 159ff.
[227] Granitstele aus Meroe, Garstang, Meroe, 70, pl. XIX,4 und LXVIII. Zur verbesserten Lesung der Königsnamen vgl. Griffith, Mer. Studies IV, JEA 4, 164.
[228] Hintze, Opfertafeln, 46 und KUSH VIII, 142. Unveröffentlicht.
[229] Griffith, a. a. O. I,55 sagt hierzu: „As the is probably a suffix, this Katake reminds one of Candace, which is said by Pliny to have been a constant name of the queens of Meroe”.

b) Pyramide Beg. N. 1[230]

In diesen Texten werden die bekannten Königinnen Amanirenas und Amanishakhete sowohl als *qêre*, d. h. als „Herrscher", wie Macadam übersetzt, als auch als *kdke* „Kandake" bezeichnet. Durch diese Nebeneinanderstellung beider Titel dürfte m. E. recht eindeutig bewiesen sein, daß „*Kandake*" nicht „Herrscherin" oder „Königin" bedeuten kann, da man in diesem Fall mit zwei verschiedenen Wörtern ein und dasselbe bezeichnen würde. Die Übersetzung mit „Königin-Mutter" bzw. „Mutter des Thronfolgers" erlangt dadurch große Wahrscheinlichkeit, womit die Richtigkeit der Behauptung Bions ihre Bestätigung findet.

Aus diesem Grunde müssen alle Kandakes, die nicht gleichzeitig regierendes Oberhaupt (*qêre*) sind, aus der Herrscherliste gestrichen werden. Das trifft nach den oben gegebenen Belegen für die Königinnen Bartare und Amanitere zu. Letztere wird, trotz ihrer augenscheinlich sehr bedeutenden Stellung,[231] niemals als *qêre* „Herrscher" bezeichnet. Das ist sehr auffällig und scheint doch darauf hinzudeuten, daß sie auch keine regierende Königin war. M. E. spricht auch das Vorkommen der Epitheta *s3-rˁ nswt-bjt* bzw. *nb t3wj* nicht dagegen, da diese wohl zu jener Zeit keinerlei Bedeutung mehr gehabt hatten.[232] Die bedeutende Rolle der Königinmutter, die durch die relativ häufige Erwähnung antiker Schriftsteller dokumentiert wird, ist wohl kaum als Zeichen für in Kusch herrschendes Matriarchat anzusehen, wie häufig angenommen wurde, sondern ebenfalls von den Ägyptern im Neuen Reich übernommen worden, wo die Königin als „Gottesgemahlin" gleichfalls eine nicht unwichtige Rolle spielte.

3.5. Zur Datierung des Königs ERGAMENES

Die Regierungszeit des ERGAMENES war für Reisner[233] bei der Festlegung einer meroitischen Chronologie eines der wenigen Fixdaten, die seinem System einige Festigkeit gaben. Er ging von der Hypothese aus, daß ERGAMENES ein Zeitgenosse Ptolemäus' IV. Philopator gewesen sei und widersprach somit der Ansetzung Diodors[234] in die Zeit Ptolemäus' II.[235] So setzte er ihn in die Zeit von 225–200 v. Chr.,

---

[230] Griffith, a. a. O. I, 79–80 und RCK III, pl. 18 F.

[231] Man vgl. dazu ihre recht häufigen Darstellungen auf verschiedenen Tempeln (Amara, Wad Ban Naga, Naga und Meroe), auf denen sie gleichberechtigt neben dem König erscheint.

[232] Die Frau des NASTASEN Sachmach (Khartoum 1853, Zeile 1) und die Königin Henutirdis (Opfertafel 18–1–52 aus Nu.34) werden  bezeichnet und waren sicher auch keine regierenden Königinnen. Vgl. auch Hintze, Opfertafeln, 56, wo er das Epitheton *pr-ˁ3.t* der Königin Naytal nicht als Bezeichnung einer regierenden Königin auffaßt.

[233] Reisner, a. a. O., 34ff.

[234] III, 6.

doch mit der einschränkenden Bemerkung: „However, 240–215 B. C. is not an impossible date for Ergamenes“.[236] Mahaffy hatte sich bereits früher gegen Diodors Behauptung ausgesprochen.[237] Arkell schloß sich neuerlich unter ausdrücklicher Bezugnahme auf Mahaffy diesem Standpunkt an.[238]

Gegen diese Zeitansetzung haben sich Griffith[239] und in jüngster Zeit Dunham gewendet: „It appears, however, that there is good evidence for regarding ERGAMENES as ruling during parts of the reigns of both Ptolemy II and Ptolemy IV.“.[240] Dabei stützt sich Dunham auf die Argumentation Bevans.[241] So setzt er in seinem neuen Datierungsvorschlag ERGAMENES in die Zeit von 248–220, so daß er dadurch zum Zeitgenossen von Ptolemäus II. (–246), Ptolemäus III. (246–221) und Ptolemäus IV. (221–220) werden würde.[242]

Nun hat aber ERGAMENES in seiner Kartusche den Zusatz *ʿnḫ ḏt mrj ʾIs.t* . Dieser erscheint ebenfalls in den Kartuschen von Ptolemäus IV., doch nur bei diesem König, seine Vorgänger haben dagegen *mrj ʾImn* (Ptolemäus II.) bzw. *mrj Ptḥ* (Ptolemäus III.). Bereits Mahaffy hat auf diesen merkwürdigen Umstand aufmerksam gemacht.[243] Er sah in diesem Umstand ein weiteres Indiz für seine Ansetzung in die Zeit Ptolemäus' IV. und für einen Fehler Diodors, doch weder Bevan noch Dunham haben ihm, soviel ich sehen kann, Beachtung geschenkt. Gauthier allerdings widerspricht Mahaffy: „L'opinion de Mahaffy suivant laquelle Ergamène au rait copié dans son deuxiéme cartouche le nom Ptolémée IV, n'est pas exacte, car le roi Nubien [gemeint ist ERGAMENES, d. Verf.] est trés probablement monté sur le trône et a, par conséquent, fixé son protocole avant l'avénement du roi Lagide“.[244]

[235] Ebenda, 77: „The statement of Diodorus that Ergamenes was educated at the court of Ptolemy II is contradicted by other evidence and the rest of his statement about the priestly control of kingship seems to me very dubious“.
[236] A. a. O.
[237] Mahaffy, The Empire of the Ptolemies, 134: „We are told by Diodorus that the founder of the Nubian dynasty of independent kings, Ergamenes, was contemporary with Philadelphus. I shall show in due time that this is very improbable, and that Ergamenes' extant cartouches are evidently copied from that of the fourth Ptolemy.“
[238] Arkell, History[1], 158, note 1. „Not of Ptolemy II as stated by Diodorus, who was writing long after the event. See Mahaffy, 1899, pp. 139–41“. In seiner 2. Auflage (1961) dagegen entscheidet sich Arkell für die frühe Datierung in die Zeit Ptolemäus' II.
[239] Mer. Inscr. II, 23–24.
[240] Dunham, RCK IV, 3.
[241] Bevan, History, 243 f. „The Ethiopian dynasty of Napata came to an end when the king of Meroe, Arqamani, whom the Greeks called Ergamenes, reunited all Ethiopia under his rule. Reisner calculates that this happened about 225 B. C., though it might be possible, he thinks, have been as early as 240. Diodorus says that the coup d'etat of Ergamenes took place in the time of Ptolemy II. This statement has long been questioned on the ground that Ergamenes appears in the monuments as a contemporary of Ptolemy IV.; but this would not by itself rule out the possibility of his coup d'etat having taken place as early as 250, still in the reign of Ptolemy II., as F.Ll. Griffith (Meroitic Inscriptions, part II, p.24) supposes“.
[242] Die Regierungszeiten der ptolemäischen Könige zitert Dunham nach Skeat, Misraim 6.
[243] A. a. O., 273: „...As it is hardly conceivable that Philopator's cartouche should have copied this detail from Ergamen, it follows that Philopator must have been on the throne when the Nubian made his revolution“.
[244] Gauthier, Livre des Rois, Bd. 4, 425, note 1.

Nun nimmt Hintze[245] in seiner jüngsten Arbeit ebenfalls zu diesem Problem Stellung. Auch er kommt zu dem Schluß, daß die Zeitansetzung von Dunham (248–220) zu früh ist, da auf diese Weise die gemeinsame Regierungszeit mit Ptolemäus IV. nur zwei Jahre beträgt, was schon in Hinsicht auf die gemeinsame Bautätigkeit in Dakke[246] und Philae[247] recht unwahrscheinlich, ja sogar unmöglich ist. Der Fehler in Diodors Bericht entstand nach Hintzes Ansicht entweder durch eine Verwechslung mit dem König ARAKAKAMANI, der wirklich zur Zeit Ptolemäus' II. regiert hat, oder Diodor nennt einfach den damals bekanntesten König der „Äthiopen", ERGAMENES.

3.6. Über die chronologische Einordnung der meroitischen Könige ARNEKHAMANI und ADIKHALAMANI

3.6.1. Der König ARNEKHAMANI  war bislang nur aus einer Inschrift auf einer Bronzeaegis aus Kawa[248] bekannt. Reisner[249] glaubte, daß der erste Herrscher der Nebendynastie von Napata der König von Bar. 11 gewesen sei und setzte ihn in die Zeit von 308–283. Er hätte von 308–300 im ganzen Reich, von 300–283 aber nur noch in Napata geherrscht.[250] Dunham[251] schreibt die Pyramide Bar. 11 dem König ARNEKHAMANI (?) zu und gibt ihm (als 27. Herrscher) eine Regierungsdauer von sieben Jahren (322–315). Gegen Reisner nimmt er an, daß der König von Bar. 11 ARNEKHAMANI in die Reihe der Herrscher von Meroe gehört und daß für eine Generation Barkal der königliche Begräbnisplatz in Anschluß an Nuri gewesen sei.[252] Arkell[253] hat aber ebenso wie Reisner Bar. 11 nicht mit in die Herrscherliste von Meroe aufgenommen. Dieser Auffassung schloß sich Hintze[254] an und strich den König von Bar. 11 (ARNEKHAMANI) aus der Liste der Könige von Meroe und setzte ihn an den Anfang der ersten napatanischen Nebendynastie. Auf NASTASEN (Nu. 15, 335–315) läßt er den König ARAKAKAMANI (Beg.S. 6, 315–297) folgen. Bei seinen

[245] Inschriften des Löwentempels, 10. Hintze hat mir bei der Anfertigung der vorliegenden Arbeit die Korrekturfahnen der Seiten 8–14 zur Einsichtnahme zur Verfügung gestellt, wofür ich ihm auch an dieser Stelle noch einmal danken möchte.

[246] Roeder, Dakke, I, 50ff. Für die Bautätigkeit Ptolemäus' IV. in Dakke gibt es einen zeitlichen Hinweis. In einer von diesem dort angebrachten Inschrift (Gauthier, Bd. 4, 268; Weigall, Report... 1907, 87) nennt er seine Schwester Arsinoe, die er 217 nach der Schlacht bei Raphia heiratete (vgl. Bevan, History, 246).Somit hat er den Erweiterungsbau wohl nicht vor 217, sicher ein wenig später, begonnen.

[247] Tempel des Ar-hes-nefer (Lyons, Report on ... Philae, Tfl.54 und 55; Philae-Photos Bln. 1598, 1609; PM VII, 211). Hier ist der innerste Teil von Ptolemäus IV. gebaut, während ein Anbau von ERGAMENES errichtet wurde. Damit ist der absolute Beweis für die Richtigkeit, daß ERGAMENES Zeitgenosse Ptolemäus' IV. war, gegeben.

[248] Macadam, Kawa I, Nr. XXIV, plate 38.

[249] Reisner, a. a. O., 66 u.75.

[250] Dazu vgl. das oben Gesagte.

[251] Dunham, RCK IV, 22.

[252] Ebenda, 4 unten.

[253] Arkell, History, 157.

[254] Opfertafeln, 22–23.

Ausgrabungen in Musawwarat es Sufra 1959/60[255] fand Hintze einen Löwentempel, der von ARNEKHAMANI errichtet wurde. Damit konnte zum ersten Mal nachgewiesen werden, daß dieser Herrscher sowohl im napatanischen Raum (Kawa) als auch im Gebiet von Meroe Denkmäler hinterlassen hat. Durch den jetzt erbrachten Nachweis von der Bautätigkeit des ARNEKHAMANI in Musawwarat es Sufra läßt sich mit großer Wahrscheinlichkeit folgern, daß er, im Gegensatz zur früheren Auffassung, in die Reihe der Herrscher von Meroe gehören wird. In seiner neuesten Arbeit über die Inschriften dieses Löwentempels kommt Hintze ebenfalls zu der Annahme, daß ARNEKHAMANI in die Herrscherreihe von Meroe gehört.[256]

Hier erhebt sich die Frage, ob man diesem König eine Pyramide in Meroe zuschreiben kann, wobei nur der Nordfriedhof in Betracht kommt. Reisner hat nachgewiesen, daß auf dem Nordfriedhof von Meroe vor ERGAMENES (Beg. N. 7) nur die Pyramiden Beg. N.4 und N.53 zu liegen kommen. N. 4 scheidet von vornherein aus, da sie einem König namens AMANI...TEKHA gehört. Die folgende Pyramide N. 53 schreibt Reisner[257] einem König zu, während Dunham[258] allerdings meint: „probably a ruling queen ...pnayka“. Dieser Name ...pnayka  fand sich in der Pyramide des ERGAMENES mit dem Zusatz *ms n nb tꜣwj* davor. Wie Dunham ausführt, kann sich dieser Zusatz sowohl auf den Vater als auch auf die Mutter des ERGAMENES beziehen. Er möchte nun in ...pnayka den Namen einer herrschenden Königin sehen und ihr die Pyramide Beg. N. 53 zuschreiben.[259] M. E. besteht allerdings keine Veranlassung, in ...pnayka eine „ruling queen“ zu sehen. Wir kennen ihr Grab zwar nicht, doch wird sie es als (nichtregierende) Mutter des ERGAMENES sicher auf dem Südfriedhof haben. Ich möchte in Beg. N. 53 das Grab eines Königs sehen, das, da die Pyramide in unmittelbarer Nähe von Beg. N. 7 liegt, dem Vorgänger des ERGAMENES gehört. Wer war nun dieser Vorgänger?

Der König ARNEKHAMANI ist unmittelbar vor ERGAMENES anzusetzen, da er in seinen Kartuschen folgende Zusätze trägt:[260]

1. *mrj ʾImn*
2. *ʿnḫ ḏt mrj ʾImn*
3. *ʿnḫ ḏt mrj ʾIs.t*

---

[255] Vorbericht Musawwarat, 421ff.
[256] A. a. O., 34ff.
[257] Ebenda, 41.
[258] RCK IV, 57.
[259] Mit Hinweis auf Beg. N. 11, wo eine regierende Königin eine Pyramide von dem Typ besitzt, der sonst nur Königen vorbehalten ist. Doch besteht hier ein Unterschied, denn Beg. N. 53 mit drei Grabräumen gehört zu Dunhams Typ V C (ROCK CUT, THREE CHAMBERS), während N. 11 zum Typ VI (PILLARED CHAMBERS, 2 and 3 ROOMS) gehört.
[260] Hintze, Inschriften des Löwentempels, 9.

Dieser letzte Zusatz *mrj ʾIs.t* findet sich auch bei ERGAMENES, der ihn von Ptolemäus IV. übernommen hat.[261] Wie Hintze[262] begründete, ist ARNEKHAMANI durch den erfolgten Wechsel in der Form des Namens von *mrj ʾImn* zu *mrj ʾIs.t* in die Zeit direkt vor ERGAMENES zu setzen, wobei er aber für eine gewisse Zeit gleichzeitig mit Ptolemäus IV. regiert haben muß, da er den späteren Namenszusatz nur von diesem übernommen haben kann. Dadurch werden wir in die Lage versetzt, diese beiden Herrscher relativ genau zu datieren. Hintze gibt für sie folgende Zeiten:

34. ARNEKHAMANI N. 53 235–218 (17)

35. ERGAMENES N. 7 218–200 (18)

3.6.2. Der König ADIKHALAMANI 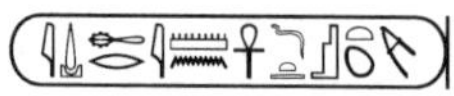 ist lediglich durch eine von ihm erbaute Kapelle in Debod bekannt.[263] Die dortigen Reliefs und Darstellungen, aber auch der Kartuschenzusatz *mrj ʾIs.t*, den Ptolemäus IV., ARNEKHAMANI und ERGAMENES verwenden (siehe oben), lassen erkennen, daß dieser sonst nicht weiter bekannte König in die Nähe des ERGAMENES zu setzen ist. Roeder[264] glaubte, daß ADIKHALAMANI vor ERGAMENES lebte, weil bei ersterem die Reliefs angeblich besser wären.

Reisner[265] bereits meinte, daß die von Roeder vorgebrachten Argumente auch eine umgekehrte Reihenfolge zulassen würden. Er schreibt nun diesem König, den er Azagraman nennt, die Pyramide Beg. N. 9 zu.[266] Dunham schließt sich dieser Auffassung unter Vorbehalt an. In der Grabkammer von Beg. N. 9 fand sich nun allerdings der Name TABIRQA .[267] Dunham erklärt die Schwierigkeit folgenmaßen: „...TABIRQA might be another name (or title) of the same king, but whether ADIKHALAMANI should precede or follow ERGAMENES is a matter of some uncertainty".[268] Mit Sicherheit kann aufgrund der Namensform gesagt werden, daß ADIKHALAMANI hinter ERGAMENES anzusetzen ist, wobei er den Kartuschenzusatz von diesem übernommen hat. Daß TABIRQA ein zweiter Name oder ein Titel des ADIKHALAMANI ist, wage ich nicht zu behaupten. Hintze[269] weist in diesem Zusammenhang auf den zweiten Namen des ERGAMENES 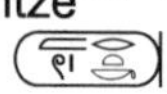 MAQUALTAK ?

---

[261] Siehe oben, S.103.
[262] Ebenda, 11.
[263] Roeder, Debod I, 27f. und besonders 48ff.
[264] Roeder, ÄZ 63 (1930), 126ff. Vgl. auch Dunham, RCK IV, 66, Anm.
[265] Nachsatz zu eben genanntem Aufsatz von Roeder, ÄZ 63, 140–41.
[266] JEA 9, 75.
[267] Reisner, ebenda, 75, las Tabirm...
[268] RCK IV, 66, Anm.
[269] Inschriften des Löwentempels, 11.

hin, doch sind schlüssige Beweise nicht vorhanden. Ich möchte aufgrund der Tatsache, daß die Kapelle von Beg. N. 9 keine Reliefs hatte und die Wände nur mit einer Stuckschicht bekleidet waren, einen Hinweis auf eine nur kurze Regierungszeit dieses Königs erblicken, was für ADIKHALAMANI durch seine Bautätigkeit in Debod weniger wahrscheinlich ist. Dagegen könnte die Pyramide Beg. N. 8, die nach Reisner und Dunham hinter N. 9 einzuordnen ist, diesem König gehört haben. In Beg. N. 8 ist an den Seitenwänden der Kapelle, ähnlich wie bei den ptolemäischen Tempeln (z. B. Kapelle des ERGAMENES in Dakke, Tfl. 71; Tempel in Kalabsche, Tfl. XXV u. a.), die hier als Vorbild dienten, der untere Teil mit einem Fries von Nilgöttern begrenzt, ein weiterer sichtbarer Ausdruck für die engen Beziehungen zwischen Kusch und Ägypten. Einen *terminus ante quem* haben wir für ADIKHALAMANI durch die griechische Weihinschrift Ptolemäus' VI.,[270] am Tor des II. Pylons, einem Zusatzbau dieses Königs. Da in dieser Inschrift die Schwester und Gattin Ptolemäus' VI., Kleopatra II., genannt wird, die Heirat der beiden aber nicht später als 172 stattgefunden haben kann, entstand also der Kernbau des ADIKHALAMANI vor diesem Zeitpunkt.[271]

Ich möchte deshalb folgende Datierung vorschlagen:

36. TABIRQA	N. 9	200–195 (5)
37. (ADIKHALAMANI)	N. 8	195–170 (25)

3.7. Neudatierung der Pyramide Beg. N. 10

Bei seinen Untersuchungen über die Pyramiden von Meroe hat Reisner die Pyramide Beg. N. 10 in die Gruppe h eingeordnet,[272] zu der er noch die Pyramiden Beg. N. 1, 56, 22, 15, 16, 17 rechnet und deren gemeinsames Merkmal (mit Ausnahme von N. 56) die „Plain Corner pyramid with stepped faces, later style“ (P C) ist.[273] Dieser

[270] In: Dittenberger, Orientis Graeci Inscriptiones Selectae Bd. I, Leipzig 1903, Nr. I07 (vgl. auch Gauthier, Bd.4, 298; Bevan, History, 295; Roeder, Debod I, 6).

[271] Denn man nimmt an, daß die Inschrift aus dem Jahre der Heirat, 172, stammt (Bevan, a. a. O., 283. Vgl. auch Strack, Dynastie der Ptolemäer, 247, Nr. 87; Bouche-Leclerq, Histoire des Lagides II, 5–6).

[272] Reisner, a. a. O., 34ff.

[273] Reisner sagt dazu auf S. 47 unten: „With the construction of N V and N I the very last available sites on the southern part of the ridge were all occupied and ... only three widely separated sites at some distance from N I were available: (a) the knoll on the distant end of the N.E. spur, N. LVI and XXII; (b) the site of the old Pre-Meroitic tomb, N. X–I, between N IX and N XI where the rock strata were faulty,...“ Und weiter (S. 48 oben): „N. X. was at last usurped the Pre-Meroitic site of N X–I; PC pyramid not continued above top of pylon, chapel reliefs of late style, unfinished, but the last with false (kursiv bei Reisner) door on west wall; stair-way twists round by eight steps inside doorway A, to avoid fault in rock; Single unfinished chamber but with niche begun in one corner“.

Einordnung aufgrund der Reisnerschen Argumente ist meines Wissens bisher nicht widersprochen worden.[274] Dazu ist folgendes zu sagen:

3.7.1. Lage der Pyramiden (Superstructure)

Wie die Reisnerschen Untersuchungen ergeben haben, wurde zuerst der Kamm des Hügels bebaut, und zwar in der Reihenfolge Beg. N. 4, 3, 53, 7, 9, 8, 11, 12, 13. Da der Platz für große Pyramiden nicht mehr ausreichte, baute man N. 20 und N. 21 weiter östlich. Nun folgten die zwei kleinen Pyramiden N. 14 nördlich von N. 13, und N. 2 südlich von N. 3. Eine von ihnen hätte man aber sicher in die noch freie Stelle zwischen N. 9 und N. 11 gesetzt, wenn dort noch Platz gewesen wäre, da man bestrebt war, vorhandene Lücken zu schließen. Das beweist z. B. die Schließung einer durch Zerfall oder Zerstörung von N. 53 entstandenen Lücke durch die Pyramide N. 6, die zwischen N. 7 und N. 4 angelegt wurde. Ebenso wurde später N. 5 in den noch freien Platz zwischen N. 6 und N. 4 gesetzt. Man war also bemüht, den Platz auf dem Kamm des Hügels auszunutzen. Fragt man, warum N. 1 und N. 22, die Pyramiden der Amanitere und des NATAKAMANI, am südlichen Ende des Kammes bzw. weitab östlich davon errichtet wurden, so muß man annehmen, daß kein Platz mehr vorhanden war. Demnach entstand N. 5 vor N. 1 und N. 22. Das entspricht auch den übrigen Quellen, nach denen der Prinz Arikankharer, Sohn der Amanitere und des NATAKAMANI, nicht zur Regierung gekommen ist, sondern bereits vor seinen Eltern starb. Für N. 10 bedeutet die Anlage der Pyramide auf dem Kamm des Hügels, daß sie vor Beg. N. 14 entstanden sein muß.

3.7.2. Der Pyramidenoberbau

Nach Reisner (siehe oben, S. 107, Anm. 273) hat die Pyramide Beg. N. 10 PC-Superstructure, der erst von Beg. N. 1 an verwendet wird, wogegen Dunham N. 1 den Oberbau als „Sandstone masonry pyramid with stepped courses but no molded corners ... largely destroyed“[275] beschreibt und sie seinen Gruppen VII[276] oder IX[277] zuordnet.

---

[274] Vgl. Arkell, History, 169; Dunham, RCK IV; Hintze, Opfertafeln, 33.
[275] RCK IV,131.
[276] Stepped masonry pyramid or mastaba, No plinth course.
[277] Stepped masonry pyramid or mastaba. Plinth course.

Typ VII wird von Bar. 11 und 15 sowie den frühen Königspyramiden von Meroe bis Beg. N. 9 hin in Fortsetzung des Typs IX (mindestens von Nu. 18 (9) bis Nu. 15 (20) verwendet. Mit der Pyramide Beg. N. 8 (35) beginnt dann der neue Typ X.[278] So gehört also nach Dunham Beg. N. I0 zu dem vor N. 8 in Gebrauch gekommenen Typ des Oberbaues.

Kgs. nr.	9–26	27	26	29	3o	31	32	33	34	35	36	37	33–44
Typ IX	==	==						?					
Typ VII			==		==	==	==	?		==	==		
Typ X												==	==

3.7.3. Die Reliefs

Wie ich oben (S. 22) ausgeführt habe, beginnt mit N. 7, der Pyramide des ERGAMENES, ein neuer Typ (B) der Kapellendekoration. Als das Wesentlichste sind zu nennen die Totenbuchszenen sowie die Darstellung von Angehörigen des Königs. Reisner[279] befand sich in einem Irrtum, als er meinte, daß die Reliefs von N. 10 zum gleichen Typ wie die von N. 22 sowie der meisten späteren Pyramiden gehören. Ohne Zweifel gehören auch die Reliefs von N. 10 zum Typ B. Leider ist der obere Teil weggebrochen,[280] doch ist noch soviel zu erkennen, daß hinter dem auf einem Löwenthron sitzenden König eine große weibliche Person sowie eine kleine männliche Figur stehen. Auch einzelne Szenen aus dem Totenbuch sowie der König, der vier Rinder der Gottheit zuführt (auch erst seit N. 7 belegt), sind zu erkennen. Bei einem Vergleich der Reliefe vom Typ B fällt sofort ins Auge, daß zwischen den Darstellungen auf den Kapellenwänden der Pyramiden N. 10 und N. 8 große Übereinstimmungen bestehen.[281] Wenn man nicht annehmen will, daß der Erbauer von N. 10, von Reisner und anderen als (SHERKARER) angesehen, auf einen alten, außer Gebrauch gekommenen Dekorationsstil zurückgegriffen hat unter bewußter Ignorierung des von NATAKAMANI neu eingeführten Vorbildes, so bleibt die recht wahrscheinliche Erklärung, daß N. 10 und N. 8 etwa in die gleiche Zeit gehören.

[278] Stepped pyramid with molded corners.
[279] JEA 9, 41.
[280] Siehe Breasted-Photos 619 u. 620 sowie RCK III, pl.20 A u. B.
[281] Vgl. RCK III, pl. 5 C und D.

3.7.4. Schlußfolgerungen

Nach 3.7.1.–3. ist die bisherige Datierung von Beg. N. 10 zu ändern. Sie gehört mit Sicherheit zum Typ B, ist also später als Beg. N. 7 (ERGAMENES), doch gehört sie noch in die Zeit vor Beg. N. 8. Durch einen Vergleich der Reliefs ist es als wahrscheinlich anzusehen, daß sie zwischen Beg. N. 9 und N. 8 einzuordnen ist. Ob es sich um das Grab eines Königs handelt, ist recht unsicher. Die Art der Reliefs würde dafür sprechen, doch ist andererseits das Grab sehr klein und besitzt nur eine Grabkammer. Entweder ist die Pyramide nicht fertig geworden oder war das Grab eines Prinzen.

3.8. Bemerkungen über die Zuordnung der späten Pyramiden von Meroe

Die späten Pyramiden von Meroe lassen sich bisher nur anhand der archäologischen Merkmale (unter Hinzuziehung einiger aufgefundener Opfertafeln und unter Berücksichtigung des Stils der Kapellenreliefs) relativ datieren, da uns bis jetzt weitere Quellen über die in ihnen bestatteten Herrscher fehlen.

Die Pyramiden aus der Zeit nach NATAKAMANI hat Reisner[282] in die Gruppen h, i und j eingeordnet. Beg. N. 15, 16 und 17 sind die letzten Pyramiden der Gruppe h und gehören deutlich zusammen. Die Teilung aller nachfolgenden Pyramiden in die beiden Gruppen i und j begründete Reisner folgendermaßen: „The only marked distinction between group i and group h [*sic! lies* j] lies in the position of the stairway“ und weiter: „Group i .... is marked as the earlier, not only by the position of the stairways but by the sites occupied by the pyramids on the eastern slope“.[283]

Die Treppe zur Grabkammer ist für die Datierung dieser späten Pyramiden das entscheidende Kriterium und liegt bei der Gruppe i vor dem Oberbau („in front“ = F-Treppe), bei der Gruppe j dagegen unter dem Oberbau („under the superstructure“ = S-Treppe). Im ersten Falle wurde der Pyramidenoberbau demnach bereits zu Lebzeiten des Königs errichtet, während im zweiten Fall das Grabmal nach dem Begräbnis vom Nachfolger zu bauen war.

In neuerer Zeit sind in der Reisnerschen Reihenfolge der Pyramiden verschiedene Umstellungen vorgenommen worden. Dabei wird Reisners Ansicht, daß die Pyramiden mit gleicher Treppenanlage eng zusammengehören, als nicht

---

[282] A. a. O.34ff.
[283] Ebenda, 51.

ausschlaggebend angesehen.[284] Ich glaube aber, daß wir in der Verschiedenartigkeit der Treppenanlage nicht nur eine technische Variante zu sehen haben werden, sondern in erster Linie zwei unterschiedliche Begräbnissitten. Die erste war von der 25. Dynastie an für viele Jahrhunderte vorherrschend, bis dann eine neue eingeführt wurde, die sicher nur aufgrund einer Reihe von Zufälligkeiten entstanden war und kaum das Resultat einer bewußten Neuerung ist. Sobald sie sich aber erst einmal durchgesetzt hatte, war sie gewiß genauso unabdingbar, wie es die vorhergehende für viele Jahrhunderte gewesen ist. Deshalb nehme ich im Folgenden zu den neuesten Veränderungen in der Reihenfolge der späten Pyramiden im Einzelnen Stellung.

3.8.1. Die Reisnersche Gruppe i

Zur Reisnerschen Gruppe i gehören die Pyramiden Beg. N. 18, N. 40, N. 41, N. 34, N. 28, N. 29. Die Pyramide N. 18 der Königin Amanikhatashan, die an den Anfang gestellt wird, weist einige Besonderheiten auf, die ich im Abschnitt 1.3.1. bereits besprochen habe. Die Darstellungen auf den Seitenwänden sowie auf der Rückwand stimmen mit denen der Pyramide Beg. N. 22 derart überein, daß wir hier sehr sicher eine direkte Kopie vorliegen haben. Das Besondere aber liegt darin, daß bei N. 22 eine neue Darstellungsform gefunden wird, die auffälligerweise erst jetzt ihre Fortsetzung findet, während bei den dazwischenliegenden Pyramiden Beg. N. 15, N. 16 und N. 17 z. T. andere Szenen gewählt wurden.[285] Zum anderen aber hat Beg. N. 18 einen neuen Typ der Grabanlage (der vorhergehende ist von Beg. N. 21 bis N. 17 durchgehend verwendet worden)[286], einen neuartigen Pyramidenoberbau sowie eine neue Kapellenform[287] „... the chapel has an entirely new feature, namely, a portico of three pairs of columns in front of the pylon with the architraves let into holes in the facade. This new feature was copied in most of the succeeding pyramids ...“.[288] Die Einstufung von Beg. N. 18 als erste Pyramide der Gruppe i wird wohl kaum bestritten werden können. Weiter ist in dieser Gruppe sicher, daß N. 34 vor N. 29 erbaut wurde. Reisner nahm ursprünglich die Reihenfolge: N. 18, N. 40, N. 34, N. 28, N. 41, N. 29 an, später änderte er sie in: N. 18, N. 40, N. 41, N. 34, N. 28, N. 29.[289] Die erste Fassung wurde von Arkell übernommen.[290] Dunham dagegen eliminierte (als einzige Änderung gegenüber Reisner) Beg. N. 28 aus dieser Gruppe und setzte sie an eine spätere

[284] Hintze, Opfertafeln, 53.
[285] Typ VIII: DROP TYPE CHAMBERS, 1 + 2 ROOMS.
[286] Typ XII: BRICK or RUBBLE PYRAMID on BRICK or RUBBLE PLATFORM.
[287] Typ VII : MASONRY-LINED BRICK WITH PYLON.
[288] Reisner, a. a. O., 51; anders aber Dunham, a. a. O. 147 und Chart 1.
[289] JEA 9, 157.
[290] History, 169. In der 2. Auflage änderte Arkell die Reihenfolge zugunsten der von Hintze, Opfertafeln, 33, aufgestellten.

Stelle, weil er den König TEQERIDEAMANI von N. 28 gleichsetzte mit dem König TQRRMN aus dem Graffito Philae 416, das in das Jahr 253 n. Chr. zu datieren ist.[291]

3.8.2. Die Pyramide Beg. N. 28 des Königs TEQERIDEAMANI

Die späte Einordnung von N. 28, der sich Hintze[292] anschließt, erscheint mir aus folgenden Gründen recht problematisch:

a) Die Lage

Die Pyramide N. 28, dicht neben N. 29 gelegen, gehört m. E. recht deutlich zu der nördlichen Gruppe mit N. 29, 34, 19, 32, 30.

b) Die Opfertafel

Die Opfertafel MFA 23.872 aus dieser Pyramide mit dem Namen TEQERIDEAMANI und dem des Vaters TERITNIDE gehört stilistisch in die Nähe der Opfertafeln 21-3-572 aus N. 18 sowie Berlin 2254 aus N. 34 und Berlin 2255 aus N. 29.

c) Die Keramik

In der Grabkammer von N. 28 fanden sich einige Gefäße von seltener Form.

1. Die bauchige Amphora 21-3-375 (Tfl. XIa) hat Ähnlichkeit mit 21-12-153 aus N. 15 und 21-3-379 aus N. 17.
2. Das Gefäß 21-3-383 (Tfl. XIb) stimmt überein mit folgenden Stücken:

   21-3-560a aus N. 18

   21-3-301a aus N. 19

   21-3-270 aus N. 32

---

[291] A. a. O., 33: „Accordingly the tomb of Beg. N. 28 should be placed considerably later than was thought by Reisner".

[292] Opfertafeln, 33, 53, 59f.

21-3-306 aus N. 30.

3. Von der schlanken Amphora 21-3-384 (Tfl. XIc) fand sich ein Gegenstück in der Pyramide Beg. N. 17 (21-3-378).

Diese drei außergewöhnlichen Gefäßformen kommen demnach nur noch in den Pyramiden N. 15, 17, 18, 19, 32 und 30 vor. Nach der modifizierten Chronologie von Dunham und Hintze wäre also in der Pyramide N. 28 Keramik gefunden worden, die bei den Amphoren (1. und 3.) erst nach 14 bzw. bei anderen Gefäßen (2.) nach sechs Generationen wieder zu belegen ist. Das dürfte recht unwahrscheinlich sein und spricht ebenfalls dafür, daß N. 28 in die zeitliche Nähe oben genannter Pyramiden gehört. Das würde sehr gut der Einordnung von Reisner und den anderen hier erwähnten archäologischen Merkmalen Rechnung tragen.

Auf einem Henkel der Amphora 21-3-375 befindet sich folgender Stempel in lateinischer Sprache: EX PROV MAVR CAES TUBUS.

Der Ort TUBUSUPTUS (auch TUBUSUCTU u. ä. geschrieben) lag in der römischen Provinz Mauretania Caesariensis unweit des alten Saldae an der Stelle des heutigen Tiklat.[293] Das Gebiet wurde im Jahre 40 u. Z römische Provinz. Die Stadt Tubusuptus wird in der nachfolgenden Zeit bis zum Ende des 5. Jh. erwähnt. In Rom fanden sich ebenfalls Amphoren mit dem gleichen Stempelaufdruck, doch sind leider nur die Inschriften und nicht die Gefäße selber beschrieben.[294] Nach Dunham[295] befaßt sich Mrs. Frederic Will mit Amphoren dieses Typs. Evtl. kann dieses Stück nach Abschluß der Studien näher bestimmt werden, so daß wir hier möglicherweise den entscheidenden Anhalt für die Datierung von Beg. N. 28 erhalten, zumindest aber einen *terminus post quem*.

d) Die Reliefs

Wie ich bereits im Abschnitt 1.3.1. ausführte, haben die Darstellungen auf den Kapellenwänden von Beg. N. 28 große Ähnlichkeit mit denen von N. 18, die ihrerseits von N. 22 kopiert zu sein scheinen. Doch lassen sich hier einige geringfügige Abweichungen feststellen.

Es wäre wenig wahrscheinlich anzunehmen, daß in so später Zeit (ca. 250–260 n. Chr.) auf ein fast 200 Jahre altes Vorbild zurückgegriffen wird. Hinzu kommt, daß die Reliefs sauber und sorgfältig gearbeitet sind, was bei den Pyramiden N. 36 und N. 51 nicht in diesem Maße der Fall ist. Besonders roh und unbeholfen aber sind die Reliefs

---

[293] RE XIII/2, 1939, 762–63 (Instinsky).

[294] Bruzza, Monumenti. a. Nuova figulina, in: Bull. Inst. corr. Arch., Rom 1873, I08f.; E. Dressel, Richerche sul monte testaccio, in: Ann. Inst. corr. Arch., Rom 1878, 134.

[295] A. a. O., 186, Anm. 34.

von Beg. N. 26 und N. 25, die nach Dunham und Hintze in die zeitliche Nähe von N. 28 gehören würden.

e) Der Thronnahme *Ḫpr-kꜣ-Rꜥ*

Es ist auffällig, daß sowohl NATAKAMANI als auch TEQERIDEAMANI den Thronnamen *Ḫpr-kꜣ-Rꜥ* verwenden.[296] Leider ist er bei der Königin Amanikhatashan nicht mehr erhalten (nur 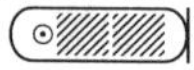), so daß hier der direkte Nachweis für die Übernahme auch des Thronnamens fehlt, was aber durchaus möglich ist.

f) Die Lage der Treppe

Reisner hat, wie bereits gesagt, für die Pyramide N. 28 F-Lage der Treppe angenommen, was die Errichtung des Grabmals noch zu Lebzeiten des Königs ermöglichte. Bei dem seit Beg. N. 19 verwendeten Zugang zur Grabkammer (S-Lage) konnte es aber erst nach dem Begräbnis errichtet werden. Für Reisner war die von ihm angenommene F-Lage der Treppe ein ausreichender Grund, die Pyramide in die Gruppe i einzuordnen. Dunham, der N. 28 an spätere Stelle setzt, gibt dagegen S-Lage (Typ VT), allerdings mit Fragezeichen aufgrund folgender Tatsache:

Vor der Kapelle, über dem Eingang zur Grabkammer, befindet sich eine „rubble platform". Dazu meint Dunham[297]: „When N. 28 was classified as having its stairway in front of the chapel the fact was overlooked that the rubble platform built east of the chapel ... actually must have been built over the already filled stair-cut. It therefore seems reasonable to regard this element in the picture as placing the tomb in a later chronological position and every other element analyzed is consistent with a date of (66) in the sequence".

Wie die Skizze (Tfl. XIe) deutlich zeigt, liegt die bewußte „rubble-platform" in einigem Abstand vor der Kapelle. So ist es durchaus möglich und auch wahrscheinlich, daß diese Fläche erst nach dem Begräbnis eingeebnet und geglättet wurde, die Pyramide kann aber deswegen bereits lange vorher angelegt worden sein. Hintze dagegen[298] entscheidet sich für F-Lage, meint aber, daß die Lage der Treppe zur Grabkammer nicht entscheidend für die zeitliche Reihenfolge ist, da (nach ihm) die Pyramiden mit verschiedenen Treppen wechseln können (F-S-F-S-S-F-F-S-S-S). Ich glaube aber, daß Reisner mit der großen Bedeutung, die er der Lage der Treppe für die chronologische Reihenfolge gibt, im Recht ist. Wie in Ägypten haben auch in Kusch, das lehrt uns ein Vergleich aller Pyramiden von Kurru bis Meroe, einmal sich

---

[296] Diesen Thronnamen haben die meroitischen Herrscher nicht von Nektanebos II., sondern von Sesostris I. übernommen, da ihn bereits MALEWIEBAMANI (463–435) trägt.

[297] 298 A. a. O., 185, Anm. 33.

[298] 299 Opfertafeln, 53.

herausgebildete und für gut befundene Formen für lange Zeit Bestand gehabt. Und noch eines kommt hinzu. Es erscheint zweifelhaft, daß ein König, nachdem es nun einmal Sitte geworden war, die Pyramiden erst nach dem Tode des Herrschers zu errichten (S-Lage der Treppe), plötzlich eine Ausnahme macht und sein Grabmal bereits zu Lebzeiten baut.

g) Schlußfolgerungen

Die oben angeführten Gründe (a–f) dürften ausreichen, die frühe Einordnung von N. 28 zu rechtfertigen, wie bereits Reisner darlegte. Sie gehört in die Gruppe i, d. h., sie befindet sich in relativer zeitlicher Nähe sowohl von N. 18, N. 29 als auch von N. 19, 32 und 30.

Allerdings bleibt die Tatsache, daß ein König TORRMN in das Jahr 253 zu datieren ist, bestehen. Eine Lösung dieses Problems versuchte Arkell[299], indem er zwei Könige dieses Namens annahm. (Andererseits besteht die Möglichkeit, daß ein uns bisher unbekannter König die Pyramide N. 28 errichtete, die dann aber um 253 von einem König TEQERIDEAMANI usurpiert wurde. Solange kein weiteres Material gefunden wird, müssen wir diese Frage auf sich beruhen lassen.)

Einer Klärung bedarf noch die Frage nach den beiden Opfertafeln MFA Boston 23.872 und Berlin 2254. Sie geben die Namen

TEQERIDEAMANI	TAMELERDEAMANI
Araqatanmakas	Araqatanmakas
TCRITNIDC	ARCTNIDC

Obwohl der Schriftcharakter der beiden Opfertafeln verschieden ist (Boston = spät, Berlin = transitional – spät),[300] gehören sie wegen des übereinstimmenden Namens der Mutter wahrscheinlich zusammen, wie Hintze ausführlich begründet hat[301]

[299] History[1], 169.
[300] Hintze, Opfertafeln, 66.
[301] Ebenda, 61–62.

(das ergibt aber auch, daß der Schriftcharakter allein nicht zur Datierung verwendet werden kann). Er stellt folgenden Stammbaum auf:

1. TERITNIDE – Araqatanmakas – 2. ARETNIDE

3. TEQERIDEAMANI 4. TAMELERDEAMANI

Wir wissen nicht, ob wirklich beide Väter Könige waren. Vielleicht hat es hier irgendwelche dynastischen Schwierigkeiten gegeben. Es ist möglich, daß auf TEQERIDEAMANI sogleich sein Stiefbruder TAMELERDEAMANI folgte. ARETNIDE braucht nicht zur Herrschaft gelangt zu sein (auch Hintze gibt ihm weniger als ein Regierungsjahr) und die Erbfolge an seinen Sohn TAMELERDEAMANI hätte die Mutter weitergegeben, wobei aber TEQERIDEAMANI als Kronprinz und Sohn aus erster Ehe die Priorität gehabt hat.

Es erhebt sich die Frage, welche Pyramiden den drei Königen zugeschrieben werden könnten. Von den sechs Pyramiden der Gruppe i sind drei namentlich gesichert, Beg. N. 18 der Königin Amanikhatashan, N. 28 des TEQERIDEAMANI und N. 29 des TAKIDEAMANI. Es bleiben N. 40, N. 34 und N. 41. Eine von diesen muß wahrscheinlich ADEQETALI, dem Vater des TAKIDEAMANI, gehören, N. 41 wäre hier möglich. In N. 40 könnte TERITNIDE bestattet worden sein und in N. 34 TAMEIERDEAMANI. Die Opfertafel dieses Königs soll nach Lepsius und Griffith aus N. 28 stammen, was nicht möglich ist, da diese Pyramide dem König TEQERIDEAMANI gehört. Porter-Moss[302] schlug N. 29 vor (auch das ist wegen der Opfertafel des TAKIDEAMANI, Berlin 2255, nicht möglich), während Hintze[303] von N. 27 als vermutlichem Herkunftsort spricht. Möglicherweise kann sie aber aus N. 34 stammen, liegt doch diese Pyramide ganz in der Nähe von N. 28. Ich schlage deshalb folgende Reihenfolge für die Gruppe i vor:

51.	Amanikhatashan	N. 18	62–85
52.	(TERITNIDE)	N. 40	85–90
53.	TEQERIDEAMANI I.	N. 28	90–114
54.	(TAMELERDEAMANI)	N. 34	114–134
55.	(ADEQETALI)	N. 41	134–114
56.	TAKIDEAMANI	N. 29	114–155

[302] PM VII, 253.

[303] Opfertafeln, 61.

Dabei ist auch das von Reisner als sicher anzusehende Ergebnis 18 ... 34 ... 29 und 18 ... 40 ... 41 bewahrt und es bleiben seine als zusammengehörig betrachteten Gruppen i und j erhalten.

3.8.3. Die Reisnersche Gruppe j

Mit Beg. N. 29 hört die Sitte, dem König bereits zu Lebzeiten eine Pyramide zu errichten, auf. Von jetzt an werden sie durchweg vom Nachfolger angelegt. Da die folgenden Pyramiden in ihren wesentlichen Merkmalen keinerlei Veränderungen mehr erfahren und im Typ gleich bleiben, hat sie Reisner in die Gruppe j zusammengefaßt, die er mit Beg. N. 30, 19, 32 beginnen läßt.[304] Diese Reihenfolge läßt sich aber berichtigen aufgrund der Opfertafel 21-3-571, die im Schutt östlich der Pyramide N.19 gefunden wurde.[305]

Sie gibt die Namen:

TAREKENIWAL[306] (Vater)

Amanikhalika (Mutter)

ARITENYESBEKHE

Dunham schlug vor, die Opfertafel nach Beg. N. 34 zu verweisen, da sie, sowie zwei Blöcke mit den Namen dieses Königs „were found out of place in the area bounded by N. 30, N. 34, N. 32, and N.19".[307] Er argumentiert folgendermaßen: „They are unlikely to have belonged to N. 30 because they are distant from its chapel which is to the east ... Therefore is seems highly probable that these objects came from the only remaining pyramid in the area, N. 34 and give the name of its owner."

Auf diese Weise hätten wir wieder einen mehrfachen Wechsel der Treppenanlagen, der mir aber wenig wahrscheinlich ist. Zur Lage der Pyramiden zueinander vergleiche die Skizze Tfl. XIIIb).[308] Die Opfertafel wie auch die beiden Blöcke lagen nicht in unmittelbarer Nähe der Pyramide Beg. N. 34. Die Opfertafel lag im Schutt östlich der Kapelle von Beg. N. 19 und die beiden Blöcke im Schutt westlich der Westwand von Beg. N. 30. Diese zufälligen Funde, die sowohl durch Plünderungen als auch durch frühere Grabungen dorthin gelangt sein können, lassen eine eindeutige

---

[304] 305 Dunham, a. a. O., 7, hat hier keine Änderung vorgenommen.
[305] 306 RCK IV, 176, vgl. Hintze, Opfertafeln, 50f., Nr. 11.
[306] Zur Gleichsetzung von ... R.KENEWAL mit dem auf dem Pylon von N. 19 genannten König TAREKENIDAL vgl. Hintze, a. a. O., 51f.
[307] RCK IV, 164, Anm. 29.
[308] Skizze aufgrund der Fundangaben von Dunham, a. a. O., 164.

Zuweisung an eine bestimmte Pyramide nicht zu, doch bei Berücksichtigung aller in Frage kommenden Faktoren wie z. B. der Treppenanlage, der Reliefs etc. steigt die Wahrscheinlichkeit zugunsten Beg. N. 30.

So kann jetzt auch die Reihenfolge der ersten drei Pyramiden der Gruppe j in N. 19, N. 32, N. 30 geändert werden, da

a) N. 19 durch Inschriften auf dem Pylon als Pyramide des TAREKENIWAL gesichert ist und

b) N. 32 die Pyramide einer Königin, sicher der Amanikhalika, ist.

Hintze[309] hat neuerdings eine Zusammengehörigkeit der Pyramiden N. 18 und N. 19 angenommen (gefolgt von N. 32 und N. 34), da sich auf ihrer Südseite folgende Inschriften befinden:

N.18 *dmkteqê* : *ḫlbi 3 [di]me 4 kelw* : *qenšperlê* : [310]

N.19 *dmkteqê* : *ḫlbi 3 dime 24 kelw* : *qenšperlê* : [311]

Nach Griffith und Hintze sollen sie Bauinschriften sein und von einem Baumeister namens Damakate stammen, der sie im 4. bzw. 24. Jahr seiner Amtstätigkeit anbrachte. Daraus wird geschlossen, daß die Pyramiden 20 Jahre auseinander liegen. Solange man aber nicht die genaue Bedeutung des Verbs *nšper*  (hier mit einem Präfix *qe* und einem Suffix *lê*) kennt, müssen diese Inschriften mit großer Vorsicht behandelt werden. Obwohl Hintze[312] meint, daß sie nicht sekundär sind, da sie sorgfältig ausgeführt wurden, müssen sie aber nicht vom Erbauer angebracht worden sein. Ich möchte eher annehmen, daß sie von Renovierungsarbeiten stammen, wodurch nichts über die Reihenfolge der Erbauung der Pyramiden gesagt wäre. Dies scheint die Inschrift von einem Block der Pyramide N. 2 zu bestätigen: *dmkteqêli* : *nšper* : *dime 29*[313].

Daß derselbe Baumeister nicht ebenfalls N. 2 erbaut haben kann, hat Hintze ausdrücklich bemerkt, doch meint er, „daß dieser Block von N. 32 stammen kann, wenn er dann auch über eine verhältnismäßig große Entfernung von etwa 125 m bis zu N. 2 verschleppt worden sein müßte".[314] Dies ist allerdings unwahrscheinlich, liegt doch dazu kein augenscheinlicher Grund vor. Viel eher könnte auch sie eine anläßlich von Renovierungsarbeiten angebrachte Inschrift desselben Baumeisters Damakate sein, wenn auch der Schriftcharakter unterschiedlich ist. Mit der Interpretation nicht als Bau-

[309] A. a. O., 53f.
[310] Jetzt Berlin 2252; Griffith, Mer.Inscr. 70.
[311] Jetzt Berlin 2251; Griffith, Mer.Inscr. 64.
[312] A. a. O., 53.
[313] RCK IV, pl. XXX C.
[314] A. a. O.,54; vgl. Griffith, Mer.Inscr. I, Tfl. XXXIII.

sondern als Renovierungsinschrift aber fällt das Argument für eine Zusammengehörigkeit der beiden Pyramiden N. 18 und 19 fort.

Gegen die angenommene Zusammengehörigkeit spricht aber m. E. noch wesentlich eindeutiger der folgende Umstand: Die beiden Pyramiden N. 18 und N. 19 haben nicht nur eine verschiedene Treppenanlage (obwohl Kapellenform und Oberbau übereinstimmen), sondern auch die Kapellenreliefs sind von gänzlich unterschiedlichem Typus. Es ist kaum anzunehmen, daß ein und derselbe Baumeister zwei völlig verschiedene Pyramiden baut. Die Reliefs aber hätte Damakate im ersten Falle von N. 22 kopiert, während er im zweiten auf andere und zum Teil ältere Vorbilder zurückgegriffen hätte. Dies ist mir nicht einleuchtend. Ich möchte deshalb der Reisnerschen Zuordnung von Beg. N. 18 in die Gruppe i und von Beg. N. 19 in die Gruppe j den Vorzug geben. Die Gleichheit des Pyramidenoberbaues (Smooth faced masonry) steht dem nicht entgegen, da die Wände bei der Restaurierung der Pyramide geglättet worden sein können.[315] N. 19 scheint die erste Pyramide (abgesehen von N. 17) mit S-Treppe gewesen zu sein. Begonnen haben kann diese neue Sitte dadurch, daß der nach Ausweis der Kapellenreliefs recht kriegerische König TAREKENIWAL eines plötzlichen Todes starb, möglicherweise bei einer Schlacht, ohne vorher für sein Grabmal vorgesorgt zu haben. Ebenso plötzlich, vielleicht sogar noch vor dem König, mag seine Frau Amanikhalika, die wir aus der Opfertafel des Sohnes und Nachfolgers ARITENYESBEKHE kennen und der die Pyramide N. 32 zuzuschreiben sein wird, gestorben sein. Diese zweimalige Zufälligkeit kann der Beginn der neuen Begräbnissitte gewesen sein.

3.9. Nicht in die Herrscherliste aufgenommene Könige

Wie unvollständig unsere Kenntnis über die meroitischen Herrscher und damit auch der Königsliste ist, zeigt die Tatsache, daß wir auf verschiedenen Denkmälern Könige genannt finden, denen keine der vorhandenen Pyramiden aus Meroe sicher zugewiesen werden können. Diese Schwierigkeit haben wir bereits bei TERITEQAS, Amanirenas und AKINIDAD, die doch sehr wahrscheinlich in die Herrscherfolge mit einzuordnen sind und wohl kaum in Barkal bestattet wurden, sowie bei SHERKARER, dem ebenfalls keine Pyramide zugewiesen werden kann. Dasselbe gilt auch für TEQERIDEAMANI II.

Wir müssen damit rechnen, daß die Herrscherfolge in Meroe keine kontinuierliche, sondern, wie auch zeitweilig in Ägypten, gelegentlich von dynastischen

---

[315] Auch in der Tatsache, daß N. 5, 16, 17, 18 und 19 eingelegte Fayence-Platten hatten (Reisner, a. a. O., 51), liegt kein Beweis für eine zeitliche Zusammengehörigkeit vor, da sie sicherlich auch bei anderen Pyramiden vorhanden waren, dort aber verloren gegangen sind.

Rivalitätskämpfen unterbrochen war, die vielleicht dazu führten, daß manche der uns nur durch ein oder zwei Denkmäler namentlich bekannten Könige keine Pyramide hatten oder daß andere Pyramiden von Späteren aus irgendwelchen Gründen abgerissen wurden. Einen solchen Fall haben wir bei Pyr. Beg. N. 53; möglicherweise ist dies noch öfter geschehen.

Im Folgenden eine Zusammenstellung der nicht eingeordneten Könige:

1.  KASH... AMANI *mrj ꜣImn* Kawa XIV[316]

Der König gehört wegen des gemeinsamen Zusatzes *mrj ꜣImn* in die Nähe von ARYAMANI und SABRAKAMANI.

2. 

a) Merowe, Nr.40[317] (Khartoum 5225)

b) Merowe, Nr.43[318] (Khartoum 5227)

Auch dieser sonst nicht weiter bekannte König ist wegen seines Namens *Mn-mꜣʿt-Rʿ stp-n-Rʿ* wie KASH...AMANI in die Nähe von ARYAMANI zu setzen, da dieser ebenfalls einen ramessidischen Namen trägt: *Wsr-mꜣʿt-Rʿ stp-n-Rʿ*.

3. 

Omphalos (?) von Napata[[319]]

Das Stück mit diesem Namen wurde von Griffith[320] publiziert, der Mnḫnêwêl (?) 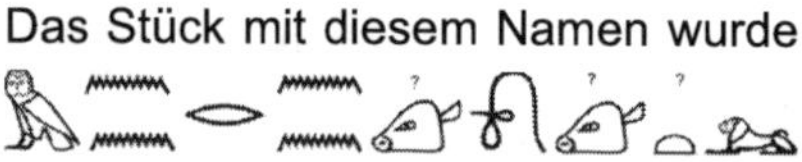 las.

---

[316] Macadam, Kawa I, 90 las *Kasht...yer. .Miamun*, später (Kawa II, 248) *Bs-amani* bzw. *Amani-bs* (d. i. der Name des Amun von Pnubs, vgl. Griffith, Mer.Stud.III, JEA 4, 26). In den letzten, nicht sicher lesbaren Zeichen wollte er  *qêre* erkennen, vgl. Hintze, Inschriften, 14, der ihm die Pyramide Bar. 7 zuschreibt.

[317] Auf einem Türpfeiler gefunden am Gebel Barkal, jetzt im Museum zu Merowe. Vgl. Macadam, JEA 33, 1947, 93–94; PM VII, 222.

[318] Stele mit demselben Königsnamen aus dem Tempel B 500 vom Gebel Barkal. Vgl. Reisner, ÄZ 66, 1930, 83, No. 62; Macadam, a. a. O.; PM VII, 216.

[319] *Mittlerweile wissen wir wesentlich mehr über diesen König (zur Lesung des Namens siehe z. B. Wenig 1999). In Naga wurde ein Tempel von ihm ausgegraben. Er ist jetzt mit Sicherheit ins 1. nachchristliche Jahrhundert zu datieren. St. Wenig, Juni 2011.*

Reisner[321] setzt ihn mit Amanikhatashan von Beg. N. 18 gleich, während Porter-Moss[322] meinen: „possibly Amanikhabale“. Die obige verbesserte Lesung gab Steindorff[323] als *Mani-Ḫana qermê* oder *Mani-Ḫataqermê*. Nach ihm könnte das zweite auch gelesen werden. Der Thronname *Mn-mꜣꜥt-Rꜥ* ist noch bei dem Vorgänger der Amanikhatashan AMANITENMEMIDE belegt.

4.  *Ḫrmdêye-qêre*[324]

Meroitische Inschrift vom Tempel in Kalabsche. Griffith[325] glaubt, daß diese Inschrift aus dem 3.–5. Jh. stammt.

5. 

Hieratische Inschrift vom Tempel in Philae.[326]

6. König AQRAKAMANI

Nach dem demotischen Graffito Dakke 17.[327]

---

320 Griffith, An Omphalos from Napata, JEA 3, 1916, 255.
321 A. a. O., 76.
322 PM VII, 222–223.
323 The so-called Omphalos of Napata, JEA 24,1938, 147–150, P1.VII.
324 Mer.Inscr., 94. Zeile 1.
325 Mer.Inscr.II, 27f.
326 Brugsch, Thesaurus, 1004–05, zit. nach Mer.Inscr. II,34.
327 M. Griffith, The Demotic Graffiti, 23; vgl. auch Hintze, Opfertafeln, 56 und die Tabelle ebd. S. 33, der diesem König die Pyr. Beg. N 40 zuweist.

3.10. Liste der meroitischen Herrscher von NASTASEN bis zum Ende des Reiches von Meroe

Lfd.Nr.	Herrscher	Pyramide	Reg.Zeit
27.	NASTASEN	Nu. 15	335–315
28.	(ARYAMANI)	Bar. 11	315–290
29.	(PIANKH-YERKE-QA)	Bar. 14	290–280
30.	(SABRAKAMANI)	Bar. 15	280–270
31.	ARAKAKAMANI	Beg. S. 6	270–260
31,1	Kanarta	S. 4	
32.	AMANISLO	S. 5	260–250
32,1	Bartare	S. 10	
33.	AMAN...TEKHA	N. 4	250–235
34.	(ARNEKHAMANI)	N. 53	235–218
35.	ERGAMENES	N. 7	218–200
36.	TABIRQA	N. 9	200–195
36,1	Prinz ?	N. 10	
37.	(ADIKHALAMANI)	N. 8	195–170
38.	(Shanakdakhete)	N. 11	170–155
39.	König	N. 12	155–140
40.	(NAQRINSAN) ?	N. 13	140–120
41.	(TANYIDAMANI)	N. 20	120–100
42.	((...KHALE)) ?	N. 21	l00–85
43.	((...AMANI)) ?	N. 14	85–70

44.	(AMANIKHABALE)	N. 2	70–50
45.	TERITEQAS		50–30
46.	Amanirenas		30–20
47.	AKINIDAD		20–15
48.	Amanishakhete	N. 6	15–2
49.	NATAKAMANI	N. 22	2 v. –23 u. Z.

49,1	Prinz Arikankharer	N. 5	
49,2	(Prinz Arikakhatani)	N. 56	
49,3	Amanitere	N. 1	
50.	(SHERKARER)		23–28
51.	((PISAKAR))	N. 15	28–37
52.	AMANITARAQIDE	N. 16	37–47
53.	AMANITENMEMIDE	N. 17	47–62
54.	Amanikhatashan	N. 18	62–85
55.	(TERITNIDE)	N. 40	85–90
56.	TEQERIDEAMANI I.	N. 28	90–114
57.	(TAMELERDEAMANI)	N. 34	114–134
58.	(ADEQETALI)	N. 41	134–140
59.	TAKIDEAMANI	N. 29	140–155
60.	TAREKENIWAL	N. 19	155–170
61.	(Amanikhalika)	N. 32	170–175
62.	(ARITENYESBEKHE)	N. 30	175–190
63.	((...REQEREM)) ?	N. 37	190–200

64.	((TERITEDAKHATEY))	N. 38	200–215
65.	ARYESBEKHE	N. 36	215–225
66.	König	N. 51	225–246
67.	König	N. 35	246
68.	((TEQERIDEAMANI II.))		246–266
69.	König	N. 27	266–283
70.	((YESBEKHEAMANI)) ?	N. 24	283–300
71.	((Lakhideamani)) ?	N. 26	300–308
72.	((MALEQEREBAR)) ?	N. 25	308–320

4. Meroe und Punt

Über die Herkunft der Meroiten und ihre Beziehungen zu den Nachbarländern wissen wir sehr wenig. Sie sind vielleicht schon während der Zeit des Mittleren Reiches nach Obernubien eingewandert und haben dem dortigen Gebiet um den Dritten Katarakt den Namen „Kusch" gegeben.[[328]] Dieser Name „Kusch" taucht unter Sesostris I. zum ersten Mal in ägyptischen Texten auf.[329] Daneben lassen sich im Mittleren Reich die ersten meroitischen Personennamen belegen. Möglicherweise haben wir in den Trägern der Kerma-Kultur, von denen wir nicht wissen, woher sie kamen und mit welchen Völkergruppen sie ethnisch zusammenhängen, die Vorgänger der späteren Meroiten vor uns, die als ‚Äthiopen' die 25. Dynastie Ägyptens stellten.[330] Bevor uns die meroitischen Texte nicht verständlich sind, die aber über die uns hier interessierenden Fragen sicher auch keine Auskunft geben würden, können wir nur mit Hilfe einer Strukturanalyse der Sprache und mit vergleichenden und analysierenden Untersuchungen der Darstellungen eine Klärung dieses Problems anstreben.

Bei den meroitischen Reliefs fällt als eine Besonderheit die Darstellung der beleibten Königinnen auf, die unwillkürlich an die Fürstin von Punt erinnert, die im Tempel der Hatschepsut von Deir el Bahri abgebildet ist[331] (Tfl. XIIa). Vergleichen wir diese Fürstin z. B. mit der Königin Amanishakhete vom Pylon ihrer Pyramidenkapelle,[332] so wird die Ähnlichkeit augenfällig. Natürlich haben wir ikonographische Unterschiede, außerdem handelt es sich bei der Wiedergabe der Fürstin von Punt offensichtlich um eine Karikatur,[333] während die Darstellung der meroitischen Königin ein offizielles Bild ist. Die Fettleibigkeit, besonders der Fettsteiß, ein typisches Merkmal der Frauen von Punt[334] und Meroe, hat wohl mit der Steatopygie, wie sie vor allem bei den Hottentottenfrauen verbreitet ist, nichts zu tun.

---

[328] *Die Punt-Forschung hat sich in den letzten Jahren intensiviert, vor allem durch Francis Breyer. Man nimmt heute allgemein an, dass Punt von der eritreischen Küste aus erreicht wurde, wo die ägyptischen Schiffe aus Mersa Gawasis kommend landeten (vermutlich in der Bucht von Zula). Im Hinterland wird Punt vermutet. Erste Grabungen nach Hinterlassenschaften von ‚Puntiten' sind in Planung. St. Wenig, Juni 2011.*

[329] Säve-Söderbergh, Ägypten und Nubien, 68; Posener, KUSH 6, 1958, 44f.

[330] Vgl. auch Bakr, Herkunft der 25.Dynastie, passim, der allerdings einen Zusammenhang zwischen der Kerma- und der C-Gruppenkultur annimmt (S. 32 und passim), der m. E. nicht bestanden hat.

[331] Naville, Deir el Bahari III, pl. 69; EMF-Photo 36, jetzt Kairo.

[332] RCK III, 17.

[333] Vgl. auch die Kopie auf einem Ostrakon des späten Neuen Reiches: Wolf, Die Kunst Aegyptens, Abb. 598.

[334] Auch bei der Tochter der Königin und einer anderen weiblichen Person, vgl. Naville, a. a. O., pl. 70; Mariette, Deir-el-Bahari, pl. 5; EMF-Photo 352 (Tfl. XIIb).

Wie ich oben S. 68 gesagt habe, findet sich eine der Kopfbedeckungen meroitischer Könige in ähnlicher Form bei den heutigen Masai wieder. Nun hat andererseits H. Frankfort[335] darauf hingewiesen, daß zwischen den Puntleuten und den Masai gewiße Verbindungen bestehen.

1. Die Frisur der Fürstin von Punt wird in ähnlicher Art heute von den Masai-Kriegern getragen.[336]
2. Die Ringe am Bein des Fürsten von Punt erinnern an die gleiche Sitte der Masai-Frauen.[337]
3. Ein möglicherweise für Puntleute typischer Armreif wird von den Masai getragen.[338]
4. Bei beiden Völkern handelt es sich um Rinderzüchter.

Diese Ähnlichkeiten sind keinesfalls als beweiskräftiges Indiz für eine Verwandtschaft beider Völker anzusehen, doch sind die Übereinstimmungen zwischen den Masai und den Puntleuten einerseits und den Puntleuten und den Meroiten andererseits, die ihrerseits wiederum gewisse Beziehungen zu den Masai haben (neben der Ähnlichkeit der Kopfbedeckung und der gemeinsamen Eigenschaft als Rinderzüchter kann noch auf die gleiche Vorliebe für überladenen Schmuck und die Ähnlichkeit in den Formen der Hütten,[339] der Ohrringe[340] und der Glocken[341] hingewiesen werden), recht auffällig. Es kommt noch hinzu, daß sie in einem Gebiet leben, in dem Berührungen dieser Völker durchaus möglich sind.

Diese Übereinstimmungen allein reichen noch nicht aus, irgendwelche Beziehungen zwischen Meroe und Punt anzunehmen, doch lassen sich bei genauerem Studium der Darstellungen weitere Ähnlichkeiten feststellen.

1. Der Halsschmuck

Die Fürstin von Punt trägt eine Halskette, die aus drei großen Kugeln (oder runden Scheiben) besteht (Tfl. XIIa). Sie ist größer als die Kette des Fürsten von Punt, die aus drei ovalen Perlen oder Scheiben besteht. Diese Kette erinnert sehr stark an die zum meroitischen Staatsornat gehörende

---

[335] Modern Survivors from Punt, in: Studies presented to Griffith, 445ff.
[336] Merker, Masai, 148, Fig. 64–66; Baumann, Durch Massailand, Tfl. XV; Hollis, The Masai, pl. IV.
[337] Hollis, a. a. O., pl. VII.
[338] Merker, a. a. O.,143, Fig.55.
[339] Nur zuweilen, vgl. Baumann, a. a. O., passim.
[340] Baumann, a. a. O., 442; Merker, a. a. O.,142, Fig. 49 u. 150, Fig. 68.
[341] Merker, a. a. O.,173, Fig. 77.

Kugelkette (vgl. Tfl. X10, X11). Die Kette von weiteren Puntfürsten besteht aus nur einer Kugel.[342]

2. Die Hütten

In Punt wurden die Hütten auf Pfählen errichtet[343] (Tfl. XIIc), was man als einen Hinweis auf Sumpfland ansah. Doch ist es auch möglich, daß diese Pfahlbauten zum Schutz gegen Raubtiere errichtet wurden. Die Form selbst begegnet uns, ohne auf Pfählen zu stehen, auch in Meroe. Die ältere Darstellung findet sich auf einem Relief vom Löwentempel aus Meroe (Tfl. XIIe), wo mehrere Hütten hintereinander stehen und so ein meroitisches Dorf wiedergeben (zur künstlerischen Bedeutung dieses Reliefs siehe oben, S. 5f.).

Den zweiten meroitischen Beleg haben wir in einer Bronzeschale aus Karanog, wo die Gravierung eine Hütte aus Flechtwerk mit derselben Grundform zeigt. Auf der Spitze befindet sich eine runde Scheibe, die möglicherweise eine Sonne symbolisieren soll (Tfl. XIId).

3. Stirnband

Wie wir gesehen haben, ist das Stirnband der typischste des meroitischen Kopfschmuckes, der bereits von den „Äthiopen" getragen und gegenüber den ägyptischen Kronen bevorzugt wird. In den Puntszenen von Deir el Bahri tragen fast alle Bewohner dieses Landes einschließlich der Fürstin ein Band um die Stirn, das im Nacken geknotet ist und dessen Enden ein kleines Stück herabfallen.

4. Ohrringe

Obwohl es in Ägypten seit dem Neuen Reich einzelne Belege für den Gebrauch von Ohrringen gibt, wurden sie erst von den Herrschern der 25. Dynastie in den Königsornat aufgenommen. Sie gehörten ebenso wie das Stirnband zur traditionellen Tracht dieses Volkes, wie überhaupt der Ohrring aus dem Süden nach Ägypten gelangt zu sein scheint.[344] Schäfer hat bereits darauf hingewiesen, daß auch die Puntleute Ohrringe tragen, und zwar zu einer Zeit, als sie in Ägypten noch nicht in Mode gekommen waren.

---

[342] Reliefbruchstück in Brüssel, vgl. Capart, Documents ...,1, pl. 45; Mariette, Kon. div. I, pl. 88.
[343] Naville, a. a. O., 69; EMF-Photo 573.
[344] Schäfer, Goldschmiedearbeiten, 54f. Vgl. auch Bakr, a. a. O., 46ff.

5. Eine weitere Gemeinsamkeit besteht in der Sitte, den Rindern die Hörner künstlich zu verbiegen. Allerdings ist uns dies auch aus Ägypten selbst bekannt. Zumindest aber handelt es sich bei beiden Völkern um Rinderzüchter.

Diese Übereinstimmungen mögen Zufälligkeiten sein. Wir wissen nicht, welchem Volk die Puntleute angehörten. Sie haben an der Ostküste Afrikas, sehr wahrscheinlich nördlich vom Babel Mandeb und südlich von Suakin gewohnt.[345] Von der Entfernung her ist eine Berührung durchaus möglich, da später auch die Aksumiten, die relativ nahe am Roten Meer wohnten, bis in das Gebiet von Meroe vordrangen. Und weiterhin werden in den ägyptischen Fremdvölkerlisten bzw. auf Tempeldarstellungen die Länder wie *ʾIrm* (), das wohl zum Verwaltungsgebiet von Kusch gehört[346] und *Nmjw* () zusammen mit Punt genannt, so daß hier möglicherweise Verbindungen zu suchen sind.[347]

Namen von Puntleuten sind uns bis auf die des Fürstenpaares nicht bekannt. Die Fürstin heißt *ʾItj* (), ein Name, der in Ägypten häufig ist, während der Name des Fürsten *Pꜣrhw* () mit dem meroitischen Namensmaterial überprüft werden sollte. Aus diesen Gemeinsamkeiten, denen naturgemäß auch zahlreiche Unterschiede entgegenstehen, dürfen wir vielleicht einen größeren kulturellen Austausch zwischen den Puntleuten und den Meroiten und das Weiterleben einzelner Elemente bei Völkern, die heute in der Nähe dieses Gebietes leben, annehmen. Die aufgeworfenen Fragen aber mögen zum Anlaß für eine erneute Beschäftigung mit diesem Problem unter einem veränderten Blickwinkel genommen werden.

---

[345] Die Lokalisierung von Punt ist noch sehr umstritten. Hilzheimer, ÄZ 68, 1932, 112f. hält das Gebiet von Ddidjigga-Berbera für wahrscheinlich, v. Bissing, Pyene (Punt) und die Seefahrten der Ägypter, weist darauf hin, daß an dem Landungsplatz der Flotte der Hatschepsut ein Fluß gewesen ist und hält den Barca, wenig südlich von Suakin, für diese Stelle. Diese Ansicht scheint sich allgemein durchgesetzt zu haben (vgl. Helck-Otto, Kleines Wörterbuch, 276f.; Sauneron in: Knaurs Lexikon der Äg. Kultur, 206f., der von Erythräa und Somaliland spricht). Dagegen ist der Lokalisierungsvorschlag von Alliot in Rev. d'Eg. 8, 1951, 1ff., soviel ich sehe, nicht angenommen worden, der Punt mit dem Opône des Geographen Ptolemäus, dem heutigen Hafun südlich vom Kap Guardafui, gleichsetzt. Dagegen auch Vycichl, in: Annales d'Ethiopie II, 178, Anm. 1.

[346] Säve-Söderbergh, a. a. O., 213.

[347] Vgl. dazu auch Zyhlarz, KUSH 6, 1958, 7ff.

5. Zusammenfassung

Die ikonographische Untersuchung der Darstellungen der meroitischen Herrscherfamilie und eine erneute Beschäftigung mit einigen Abschnitten der Chronologie des Reiches von Meroe haben zu folgenden Ergebnissen geführt:

1. Die Reliefs der Pyramidenkapellen von Meroe lassen sich drei Typen (A–C) zuordnen, die in sich ziemlich geschlossen sind. Damit kann die Reisnersche Chronologie der meroitischen Herrscher in ihren wesentlichsten Zügen bestätigt werden.

2. Die Vorlagen für die Reliefs der Kapellen vom Typ B entstammen dem Toten- und dem Götterkult Ägyptens und müssen zeitgenössisch (frühptolemäisch) sein.

3. Seit ARNEKHAMANI werden in der aus Ägypten übernommenen Kunst in starkem Maße meroitische Einflüße sichtbar, die sich hauptsächlich in der Verwendung einheimischer Kleidung und Insignien dokumentieren. Die Entwicklung der Kleidung ermöglicht es uns, Denkmäler mit Darstellungen des Königspaares ohne Inschriften annähernd genau zu datieren. So kann u. a. die bedeutende Gruppe Kairo CG 684 einer Königin und eines Prinzen der Königin Shanakdakhete zugeschrieben werden.

4. Der Goldschmuck aus der Pyramide Beg. N. 6 ist in mehreren Generationen entstanden. Seine Einmauerung in die Pyramide muß aus dynastischen Gründen oder in Nachwirkung des römischen Vordringens bis Napata erfolgt sein.

5. Der größte Teil der Darstellungen ist in Meroe kanonisch und beschränkt sich auf wenige Motive, die zum größten Teil ägyptischen Ursprungs sind, doch daneben auch meroitische Vorstellungen wiedergeben.

6. Die bedeutende Stellung der Königin in Meroe braucht nicht auf mutterrechtlichen Verhältnissen zu beruhen, sondern läßt sich durch die Übernahme der Vorstellung von der Königin als Gottesgemahlin aus Ägypten erklären.

7. Die Königin Bartare von Beg. S. 10 war sehr wahrscheinlich keine regierende Königin und ist deshalb aus der Königsliste zu streichen.

8. Der Titel „Kandake" bezeichnet die „Königin-Mutter" oder „Mutter des Thronfolgers" und nicht, wie auch angenommen, die regierende Königin. Somit sind alle Kandakes, die nicht auch gleichzeitig *qêre* „Herrscherin" sind, aus der Königsliste von Meroe zu eliminieren.

9. Gegen die Annahme der Existenz zweier Nebendynastien in Napata lassen sich zahlreiche Bedenken erheben. Bei den Pyramiden der frühen Barkal-Gruppe handelt es sich um Gräber von Königen, die in Meroe herrschten und den Residenzfriedhof von Nuri nach Barkal verlegt haben. Die späteren Pyramiden von Barkal sind als Gräber von Angehörigen des Königshauses anzusehen, die in Napata residierten. Dadurch ergeben sich Verschiebungen in der Reihenfolge und der bisherigen zeitlichen Ansetzung einiger Könige.

10. Die Pyramide Beg. N. 53 ist dem König ARNEKHAMANI zuzuschreiben.

11. Der König ERGAMENES regierte zur Zeit Ptolemäus' IV. Philopator (etwa 218–200 v. Chr.) und nicht, wie Diodor behauptet hat, zur Zeit Ptolemäus' II.

12. Die Pyramide Beg. N. 10 gehört aufgrund der Kapellenreliefs zum Typ B und ist zwischen Beg. N. 9 und Beg. N. 8 einzuordnen. Somit entfällt die Zuweisung dieser Pyramide an den König SHERKARER.

13. Die Reisnersche Gruppe i der Pyramiden vom Nordfriedhof in Meroe gehört eng zusammen.

14. Die Pyramide Beg. N. 28 gehört in die Reisnersche Gruppe i. Somit muß es sich bei dem König TQRRMN vom Philae-Graffito 416 aus dem Jahre 253 n. Chr. um einen zweiten Herrscher dieses Namens handeln.

15. Auf dem Relief aus der ehem. Sammlung M. Rosenberg ist nicht der Gott Antäus, sondern ein unbekannter meroitischer König dargestellt.

16. Osiris spielt als Totengott in Meroe die gleiche bedeutende Rolle wie im spätzeitlichen Ägypten. Daneben hat aber Amun seine Stellung als führender Reichsgott neben dem einheimischen Löwengott Apedemak behauptet.

Literaturverzeichnis

Abubakr, A. — Untersuchungen über die ägyptischen Kronen. Dissertation. Glückstadt, 1937.

Alliot, M. — Pount Pwane, l'Oponé du Géographe Ptolémée, in: Rev.d'Eg. 8, 1ff., 1951.

Arkell, A. J. — A History of the Sudan from the earliest times to 1821. London, 1955[1], 1961[2].
Besprechung von Macadam, The Temples of Kawa: Vol. I in: JEA 37, 115f.; Vol. II in: JEA 42, 127f., 1956

Bakr, M. — Untersuchung zur Herkunft der 25.Dynastie. Dissertation Berlin. Unveröffentlicht, 1962,

Baumann, O. — Durch Massailand zur Nilquelle. Berlin, 1894.

Beckerath, J. von — Besprechung von Dunham, RCK IV, und Hintze, Opfertafeln, in: OLZ 57, Sp. 245ff., 1962.

Bevan, E. — A History of Egypt under the Ptolemaic Dynasty. London, 1927.

Bissing, Fr. W., Freiherr von — Denkmäler Ägyptischer Kultur. München,1911.
Pyene (Punt) und die Seefahrten der Ägypter, in: Die Welt des Orients, 146ff., 1948.

Blackman, A. M. und H. W. Fairman — The Significance of the Ceremony *ḥwt bḥsw* in the Temple of Horus at Edfu, in: JEA 35, 98ff. und JEA 36, 63ff., 1949, 1950.

Bonnet, H. — Bilderatlas zur Religionsgeschichte: Aegyptische Religion. Leipzig-Erlangen, 1924.
Reallexikon der ägyptischen Religionsgeschichte. Berlin, 1952.

Borchardt, L. — Das Grabdenkmal des Königs SAHU-RE, Band II: Die Wandbilder, Text- u. Tafelband. Leipzig, 1913.
Statuen und Statuetten von Königen und Privatleuten im Museum von Kairo, Teil 3,Text und Tafeln zu Nr.654–950. Berlin, 1930.

Bosanquet, R. C. — Second Interim Report on the Excavations at Meroe in Ethiopia, Part III – On the Bronze Portrait-head, in: LAAA 4, 66ff., 1912.

Breasted, J. H. — The Monuments of Sudanese Nubia II, Season of 1906–07, in: AJSL 25, Oct., Nr. I,1ff., 1908.

Brugsch, H. — Entzifferung der meroitischen Schriftdenkmäler, in: ÄZ 25, 1ff., 75ff., 1887.

Bruzza, L. — Monumenti a Nuova figulina, in: Bulletino dell'instituto di corrispondenza archeologica, Rom 108f., 1873.

Budge, E. A. Wallis — The Egyptian Sudan, its History and Monuments, Vol. I. und II. London, 1907.

Burkhardt, J. L. — Reisen in Nubien, von der Londoner Gesellschaft zur Beförderung der Entdeckung des Innern von Afrika herausgegeben. Weimar, 1820.

Cailliaud, F.	Voyage à Méroé et au Fleuve Blanc, Tome 3. Paris, 1826.
Capart, J.	Documenta pour servir a l'etude de l'art Egyptien, I. Paris, 1927.
Chassinat, E.	La seconde trouvaille de Deir-el-Bahari (Sarcophages), C.G.C., Nos.6001–6029. Kairo, 1909.
Cottevieille-Giraudet, R.	Le nom de Candace, in: Melanges Maspero Giraudet, R.: I, Orient Ancien, Second Fascicule. Kairo 739ff., 1935–38.
Crowfoot, J. N.	Old Sites in the Butana, in: SNR 3, 85ff., 1920.
Daressy, G.	Cercueils des Gachettes Royales, C.G.C., Nos. 61001–61044. Kairo, 1909. Notes sur Louxor de la periode romaine et copte, in: ASAE 19, 159ff., 1920.
Davidson, B.	Alt-Afrika wiederentdeckt Berlin, 1962.
Dittenberger, W.	Orientis Graeci Inscriptiones Selectae, Bd. I. Leipzig, 1903.
Dittmann, K. H.	Der Segelwagen von Medinet Maadi, in: MDIK 10, 60ff., 1941.
Dressel, E.	Richerche sul monte testaccio, in: Annali dell' instituto di corrispondenza archeologica. Rom 118ff., 1875.
Dümichen, J.	Zur Geographie des alten Ägypten. Lose Blätter aus dem Nachlaß von J. Dümichen, herausgegeben von W. Spiegelberg. Leipzig, 1894.
Dunham, D.	Four Kushite Colossi in the Sudan, in: JEA 33, 63f., 1947. Royal Cemeteries of Kush, 1950, I – El Kurru, Cambridge,Mass. II – Nuri, Boston, 1955. III – Decorated Chapels of the Meroitic Pyramids at Meroe and Barkal (mit S. Chapman), Boston, 1952. IV – Royal Tombs at Meroe and Barkal, Boston 1957.
Dunham, D. und M. F. L.Macadam	Names and Relationships of the Royal Family of Napata, in: JEA 35, 139ff., 1949.
Eckstein-Wolf, B.	Zur Darstellung spendender Götter, in: MDAI, Bd. V, Berlin 39ff., 1952.
Edgar, M. C. C.	Greek Sculpture, C.G.C., Nos.27425–27630. Kairo, 1903.
Erman, A.	Zu den aethiopischen Hieroglyphen, ÄZ 35, 152ff., 1897. Die Religion der Ägypter. Ihr Werden und Vergehen in vier Jahrtausenden. Berlin und Leipzig, 1934.
Erman, A. und H. Grapow	Wörterbuch der ägyptischen Sprache, Band I–VI. Unveränderter Neudruck Berlin, 1955.
Festugière, A. J.	Les cinq sceaux de l'Aion Alexandrin (avec des obserations de E. Coche de la Ferté et de J. Vandier), in: Rev. d'Eg., 8, 63ff., 1951.
Frankfort, H.	Modern Survivors from Punt, in: Studies presented to F. Ll. Griffith, London 445ff., 1932.
Gardiner, Sir A.	The Baptism of Pharaoh in: JEA 36, 3ff., 1950.
Garstang, J.	Preliminary note on an Expedition to Meroe in Ethiopia, in: LAAA 3, 57ff., 1910. Second Interim Report on the Excavations at Meroe in Ethiopia, in: LAAA

4, 42ff., 1912.
Third Interim Report, in: LAAA 5, 73ff., 1913.
Fourth Interim Report,in: LAAA 6, 1ff., 1914.
Fifth Interim Report, in: LAAA 7, 1ff., 1914–16.

Garstang, J. und A. H. Sayce — Meroe, The City of the Ethiopians. Oxford, 1911.

Gauthier, H. — Le Livre des Rois d'Egypte, tome 4: De la XXVe Dynastie a la fin des Ptolémées, in: Mem.Inst. XX. Kairo, 1916.

Le Temple d'Amada (Les Temples immerges de la Nubie 7). Kairo, 1913.

Le Temple de Kalabchah, I. und II. (Les Temples immerges de la Nubie 6). Kairo, 1911/14.

Gayet, A. — Le Temple de Louxor, 1er Fascicule: Constructions d'Amenophis III, in: Mem. Miss. XV, Paris, 1894.

Golenischeff, W. — Über zwei Darstellungen des Gottes Antaeus, in: AZ 20, 135ff., 1882.
Eine neue Darstellung des Gottes Antäus, in: ÄZ 32, 1f., 1894.

Grapow, H. — Studien zu den thebanischen Königsgräbern, in: ÄZ 72, 12ff., 1936.
Die Inschrift der Königin Katimala am Tempel von Semne, in: ÄZ 76, 24ff., 1940.

Griffith F.Ll.: — Meroitic Inscriptions: Part I – Soba to Dangel, London 1911.
Meroitic Inscriptions: Part II – Napata to Philae and Miscellaneous, London 1912.
Meroitic Studies I, in: JEA 3, 1916, 22ff
Meroitic Studies II, in: ebd., 111ff.
Meroitic Studies III, in: JEA 4, 1917, 21ff.
Meroitic Studies IV, in: ebd.,159ff.
An Omphalos from Napata, in JEA 3, 1916, 255.
Scenes from a destroyed temple at Napata, in: JEA 15, 1929, 26f.
Oxford Excavations in Nubia: Faras, in: LAAA VIII, 1921, 45ff.
Oxford Excavations in Nubia: Sanam, in: LAAA IX, 1922, 77ff.

Grohmann, A. — Kandake, in: Pauly's Realencyclopädie der klassischen Altertumswissenschaft, N.B. X, 1919, Sp. 158ff., 1919.

Guilmant, F. — Le Tombeau des Ramses IX, in: Mem.Inst. XV. Kairo., 1907.

Helck, W. und E. Otto — Kleines Wörterbuch der Ägyptologie. Wiesbaden, 1956.

Hintze, F. — Die sprachliche Stellung des Meroitischen, in: Afrikanistische Studien (Westermann-Festschrift), IFO 26, 355ff. Berlin, 1955.
Studien zur meroitischen Chronologie und zu den Opfertafeln aus den Pyramiden von Meroe, in: Abh. d. Dt. Akad. d. Wiss. zu Berlin, Klasse für Sprachen, Literatur und Kunst, Jg.1959, Nr.2. Berlin, 1959.
Preliminary Report of the Butana Expedition 1958, made by the Institute for Egyptology of the Humboldt University, Berlin, in: KUSH 7, 171ff., 1959.
Die meroitische Stele des Königs Tanyidamani aus Napata (Boston MFA 23.736). Herausgegeben unter Zugrundelegung einer Bearbeitung Monneret de Villards, in: KUSH 8, 125ff., 1960.
Zu den in KUSH VII, pp. 93ff., veröffentlichten meroitischen Inschriften, in: KUSH 9, 278f., 1961.
Die Inschriften des Löwentempels von Musawwarat es Sufra, in: Abh. d. Dt. Akad. d. Wiss. zu Berlin, Klasse für Sprachen, Literatur und Kunst, Jg. 1962, Nr. 1. Berlin, 1962.

Vorbericht über die Ausgrabungen des Instituts für Ägyptologie der Humboldt-Universität zu Berlin in Musawwarat es Sufra, 1960–1961, in: Wiss. Zeitschr. der Humboldt-Univ. Berlin, Ges.-Sprachw. Reihe, Jg. XI, 441ff., 1962.

Hollis, A. C. — The Masai, their language and folklore. Oxford, 1905.

Hoskins, G. A. — Travels in Ethiopia. London, 1835.

Lefébure, E. — Les Hypogées royaux de Thébes, in: Mém. Miss. III, 1er Fasc Paris, 1889.

Lepsius, R. — Das Totenbuch der Ägypter. Leipzig, 1842.
Denkmäler aus Aegypten und Aethiopien, Band I–IV, Berlin, [1849–1859].
Text zu Band V der Denkmäler, herausgegeben von E. Naville. Leipzig, 1913.
Ergänzungsband, herausgegeben von B. Naville. Leipzig, 1913.

Lyons, H. G. — A Report on the Island and Temples of Philae. With an introductory note by W. B. Garstin. Kairo, 1896.

Macadam, M. F. L. — Gleanings from the Bankes Mss., in: JEA 32, 57ff., 1946.

On a Late Napatan or Early Meroitic King's Name, in: JEA 33, 93f., 1947.
The Temples of Kawa Vol. I: The Inscriptions, Text and Plates. London, 1949.
The Temples of Kawa Vol. II: History and Archeology of the Site, Text and Plates. London, 1950.

Mahaffy, J. P. — The Empire of the Ptolemies. London, 1895.
A History of Egypt under the Ptolemaic Dynasty. London, 1899.

Marriette, A. — Monuments divers recueillis en Egypte et en Nubie. Paris, 1872.
Deir-el-Bahari. Leipzig, 1877.

Merker, M. — Masai, 2. Aufl. Berlin, 1910.

Monneret de Villard, U. — Iscrizioni della Regione di Meroe, in: KUSH 7, 93ff., 1959.

Möller, G. — Das Hb-sd des Osiris, in: ÄZ 39, 71ff., 1901.

Montet, P. — Les Constructions et le Tombeau d'Osorkon II à Tanis, Fouilles de Tanis, La Necropole royale de Tanis, Tome Premier. Paris, 1947.

Moss, R. — Iron-mines near Aswan, in: JEA 36, 192f., 1950.

Naville, E. — The Temple of Deir el Bahari, Band I und III. London, 1895/1898.

Pietschmann, R. — Aithiopia, in: Pauly's Realencyclopädie der klassischen Altertumswissenschaft, Band I,1 (1893), Sp. 1095ff., 1893.

Porter, B. und R. Moss — Topographical Bibliography of Ancient Egyptian Hieroglyphic Texts, Reliefs and Paintings, Vol. VII: Nubia, The Deserts, and outside Egypt. Oxford, 1951.

Posener, G. — Pour une localisation du pays Koush au Moyen Empire, in: KUSH 6, 39ff., 1958.

Pückler-Muskau, Fürst — Aus Mehemed Alis Reich. Nubien und Sudan, III. Teil. Stuttgart, 1844.

Randall-MacIver, D. — Areika, University of Pennsylvania, and C. L. Wolley. Oxford, 1909.

Reisner, G. A. Excavations at Kerma I – V, in: HAS V u. VI. Cambridge, 1923.
The Pyramids of Meroe and the Candaces of Ethiopia in: SNR 5, 173ff., 1922.
The Meroitic Kingdom of Ethiopia: a Chronological Outline, in: JEA 9, 34ff., 1923.
Nachschrift zu Roeders Aufsatz in ÄZ 63, 1927, 140f., 1927.
Inscribed Monuments from Gebel Barkal, in: ÄZ 66, 76ff., 1930.

Roeder, G. Die Kapellen zweier nubischer Fürsten in Debod und Dakke, in ÄZ 63, 126ff., 1927.
Der Tempel von Dakke I und II (Les immerges de la Nubie 10). Kairo, 1930.
Debod bis Bab Kalabsche I und II (Les Temples immerges de la Nubie 3). Kairo, 1911.
Ägyptische Bronzefiguren, in: Mitteilungen aus der Ägyptischen Sammlung, Bd.VI. Berlin, 1956.

Rosenberg, M. Aegyptische Einlagen in Gold und Silber. Frankfurt/Main, 1905.
Marc Rosenberg's Badische Sammlung. Heft XII. Badische und außerbadische Steindenkmäler, Architekturen, Steindenkmäler. Frankfurt/Main, 1913.

Russel, M. Nubia and Abyssinia. New York, 1833.

Sauneron, S. und J. Yoyotte La campagne nubienne de Psammétique II et sa signification historique, in: BIFAO 50,157ff., 1952.

Säve-Söderbergh, T. Ägypten und Nubien. Ein Beitrag zur Geschichte altägyptischer Außenpolitik, Lund, 1941.

Sayce, A. H. The Decipherment of the Meroitic Hieroglyphs, in: PSBA 31, 194ff., 1909.
Meroe, in: LAAA 3, 53f., 1910.
Second Interim Report on the Excavations at Meroe in Ethiopia, Part II – The Historical Results, In: LAAA 4, 53ff., 1912.
The Origin of the Meroitic Alphabet, in: PSBA 36, 177f., 1914.

Schäfer, H. Die aethiopische Königsinschrift des Berliner Museums, Regierungsbericht des Königs Nastasen. Leipzig, 1901.
Ägyptische Goldschmiedearbeiten, in: Mitteilungen aus der Ägyptischen Sammlung I. Berlin, 1910.
Von ägyptischer Kunst, 3. Auflage. Leipzig, 1930.

Scharff, A. Ägypten, in: Handbuch der Archäologie, München, 1939.

Schmidt, V. Sarkofager, mumiekister og mumiehylstre i det gamle Aegypten. Typologisk Atlasn Kopenhagen, 1919.

Scott-Moncrieff, P. D. The Ruined Sites at Masawwarat es-Sufra and Naga, in: PSBA 30, 192ff., 1908.

Sethe, K. Die Totenliteratur der alten Ägypter. Die Geschichte einer Sitte. Sonderausgabe aus den Sitzb. d. preuß. Akad. d. Wiss., Phil.-hist. Klasse 1931, XVIII. Berlin, 1931.

Shinnie, M. Linant de Bellefonds, Journal d'un Voyage a Meroe dans les annees 1821 et 1822, Sudan Antiquities Service, Occasional Papers No. 4. Khartoum, 1958.

Shinnie, P. L. A gold Statuette from Gebel Barkal, in: KUSH 7, 91f., 1959.

Simon, E. Opfernde Götter. Deutsches Archäologisches Institut. Berlin, 1953.

Skeat, Th. C. — The Reigns of the Ptolemies, in: Münchener Beiträge zur Papyrusforschung und antiken Rechtsgeschichte, 39. Heft. München, 1954.

Steindorff, G. — Aniba II, Text- u. Tafelband, Service des Antiquités de L'Égypte. Glückstadt, 1937.
The so-called Omphalos of Napata, in: JEA 24, 147ff., 1938.

Steindorff, G. und W. Wolf — Die thebanische Gräberwelt, in: Leipziger Ägyptologische Studien 4, Glückstadt, 1936.

Vycichl, W. — Hindu Influence in Meroitic Art ?, in: KUSH 6, 174f., 1958.
Besprechung von: W. Hirschberg, Kultureinfluß Meroes und Napatas auf Negerafrika, in: Annales d'Ethiopie II, 269, 1956.
Le pays de Kouch dans une inscription Ethiopienne, in: Annales d'Ethiopie, II, 177f., Paris, 1957.

Waddington, G. und B. Hanbury — Journal of a visit to some parts of Ethiopia. London, 1822.

Weber, W. — Die ägyptisch-griechischen Terrakotten, in: Mitteilungen aus der ägyptischen Sammlung, Bd. II. Berlin, 1914.

Weigall, A. — A Report on the antiquities of Lower Nubia, Department of Antiquities. Oxford, 1907.

Whitehead, G. O. — Nagaa and Masawwarat, in: SNR 9, 59ff., 1926.

Whitehead, G. O. und F. Addison — Meroitic Remains, in: SNR 9, 51ff., 1926.

de Wit, C. — Le role et le sens du lion dans l'Egypte ancienne. Leiden, 1951.

Wolf, W. — Die Kunst Aegyptens. Gestalt und Geschichte. Stuttgart, 1957.

Woolley, C. L. und D. Randall-MacIver — Karanog, the Romano-Nubian Cemetery, University of Pensylvania. Philadelphia, 1910.

Zyhlarz, E. — The Countries of the Ethiopian Empire of Kash (Kush) and Egyptian Old Ethiopia in the New Kingdom, in: KUSH 6, 1958, 7ff., 1958.

Abkürzungsverzeichnis

AJSL	The American Journal of Semitic Languages and Literature, Chicago and New York
ASAE	Annales du Service des Antiquites de l'Egypte, Le Caire
ÄZ	Zeitschrift für Ägyptische Sprache und Altertumskunde, Leipzig und Berlin
Bar./Bark.	Barkal (-Pyramiden)
Beg. N./S.	Begrawiya (Nord- und Südfriedhof von Meroe)
BIFAO	Bulletin de l'Institut Francais d'Archéologie Orientale, Le Caire
BM	British Museum
Breasted- Photos	„The University of Chicago". Expedition von J. H. Breasted nach Nubien und dem Sudan, 1905–07, Photoliste
C.G.C.	Catalogue General des Antiquités Egyptiennes du Musee du Caire
EMF-Photos	Eduard Meyer, Bericht über eine Expedition nach Ägypten zur Erforschung der Darstellungen der Fremdvölker, Photoliste
HAS	Harvard African Studies, Cambridge, Mass.
IFO	Institut für Orientforschung, Berlin
J.d.E.	Journal d'Entree (Museum Kairo)
JEA	Journal of Egyptian Archaeology, London
Kawa	Macadam, Kawa I und II, Nummer der dort publizierten Inschriften (römisch = ägyptisch, arabisch = meroitisch)
KUSH	KUSH, Journal of the Sudan Antiquities Service, Khartoum
LAAA	Annals of Archaeology and Anthropology, University of Liverpool, Liverpool
LD/LDT	Lepsius, Denkmäler (und Text)
MDIK	Mitteilungen des Deutschen Instituts für Ägyptische Altertumskunde in Kairo
Mém.Inst.	Mémoires publiés par les Membres de l'Institut Français d'Archéologie Orientale du Caire
Mém.Miss.	Mémoires publiés par les Membres de la Mission Archéologique Française au Caire
Mer.Inscr.	Griffith, Meroitic Inscriptions I und II, Nummer der dort publizierten Inschriften
Meroe	Garstang, Meroe, Nummer der dort publizierten Inschriften
Mer.Stud.(ies)	Griffith, Meroitic Studies I – IV
MFA	Museum of Fine Arts, Boston
Nu.	Nuri
Pauly-Wissowa	Realencyclopädie der klassischen Altertumswissenschaften
Philae-Photos	Expedition der Deutschen Akademie der Wissenschaften zu Berlin nach Philae 1908–09, Photoliste
PM	Porter-Moss, Topographical Bibliography
PSBA	Proceedings of the Society of Biblical Archaeology, London

RCK	Royal Cemeteries of Kush
RE	Pauly-Wissowa, Realencyclopädie der klassischen Altertumswissenschaften
Rev. d'Eg.	Revue d'Égyptologie, Paris
SNR	Sudan Notes and Records, Khartoum
TB	Totenbuch
Tur.	Totenbuch Turin (publiziert von Lepsius)
WB	Wörterbuch der Ägyptischen Sprache

Nachweis der Abbildungen

Tafeln

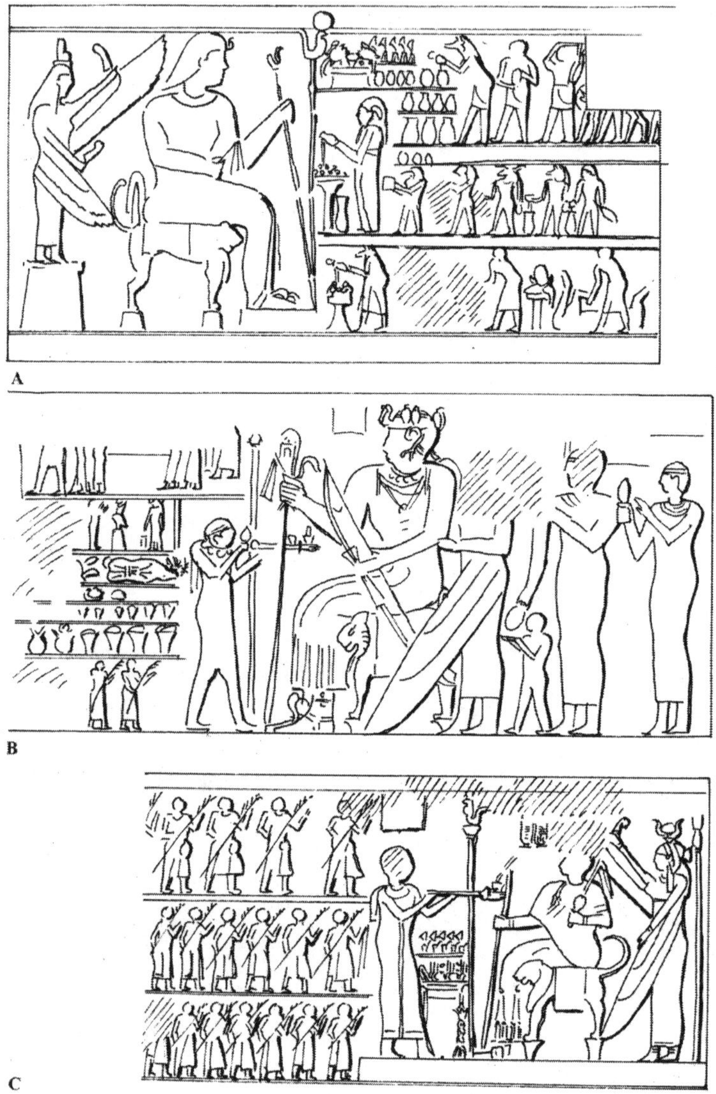

Tafel I

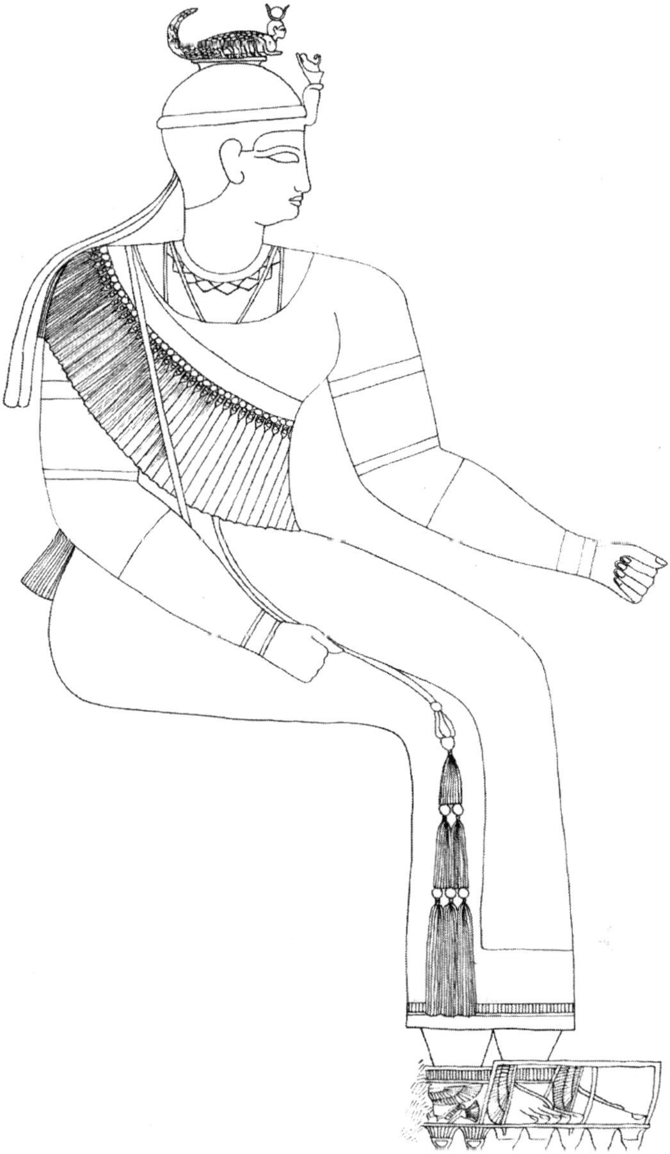

Die Königin SHANAKDAKHETE im Staatsornat

Tafel II

a. Berlin 1696

b. Berlin 1699

c. Berlin 1723

d. Berlin 1711

e. Berlin 1747

Tafel III

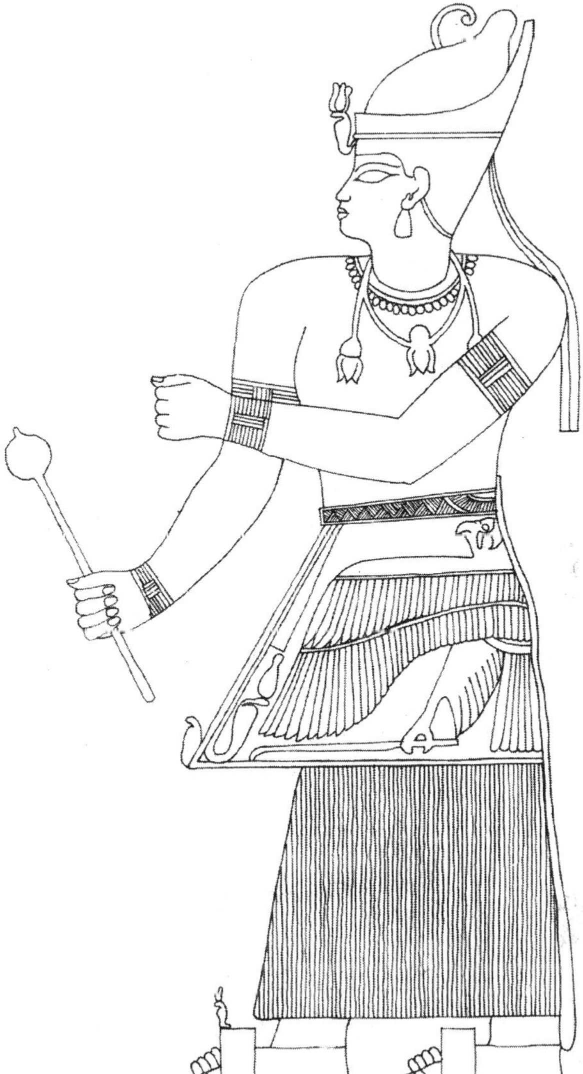

König AMANITENMEMIDE

Tafel IV

a. König TERITEQAS

b. Prinz ARIKANKHARER

Tafel V

König TAREKENIWAL

Tafel VI

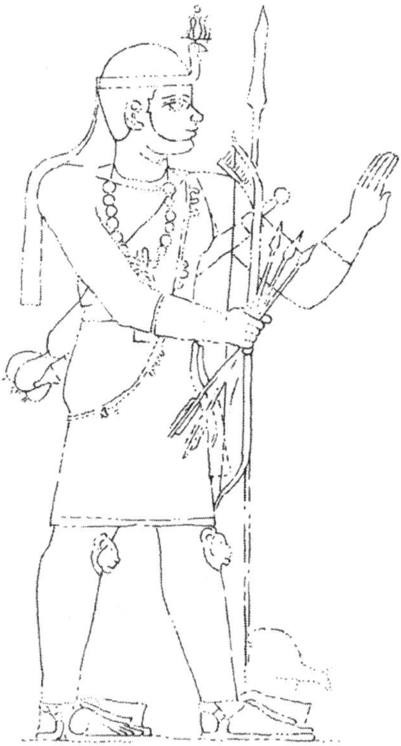

a. Der König SHERKARER

b. unbekannter meroitischer König

Tafel VII

Tafel VIII

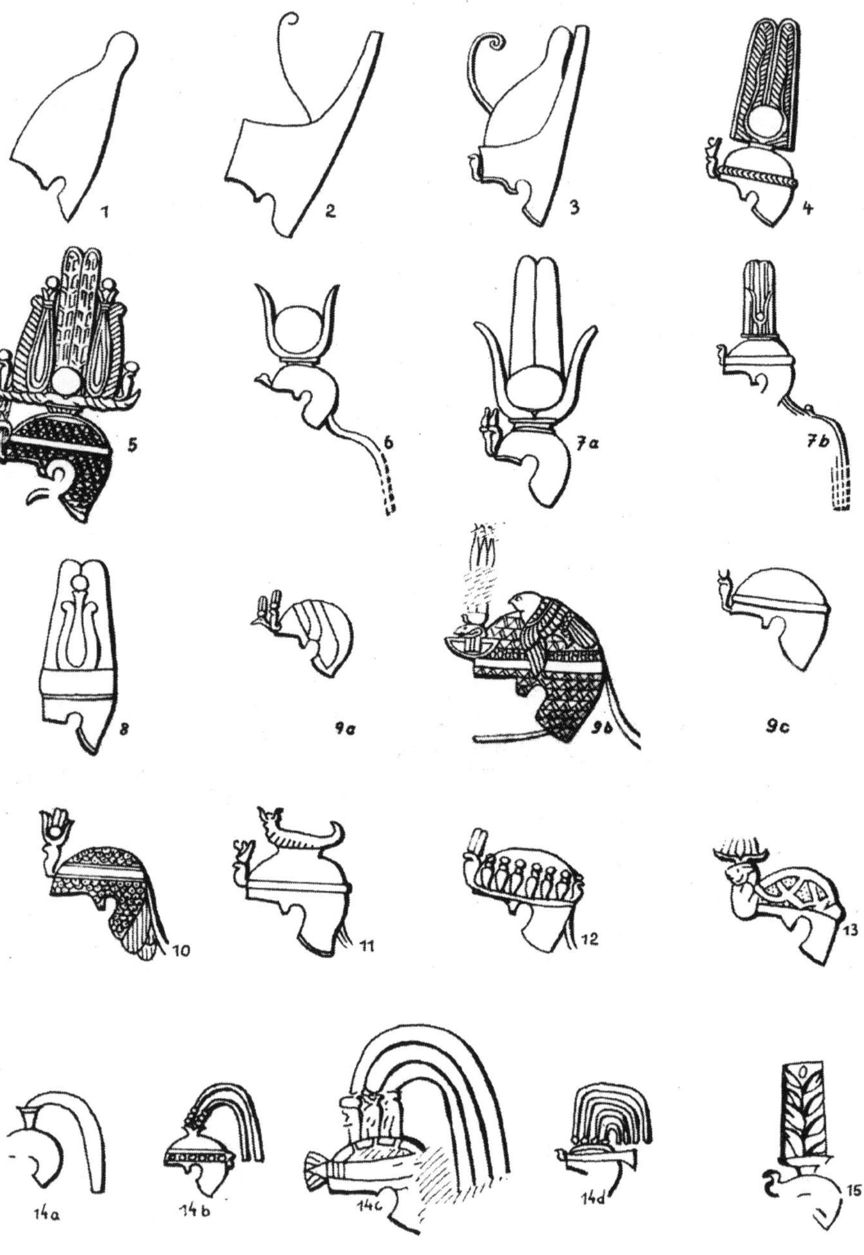

Tafel IX

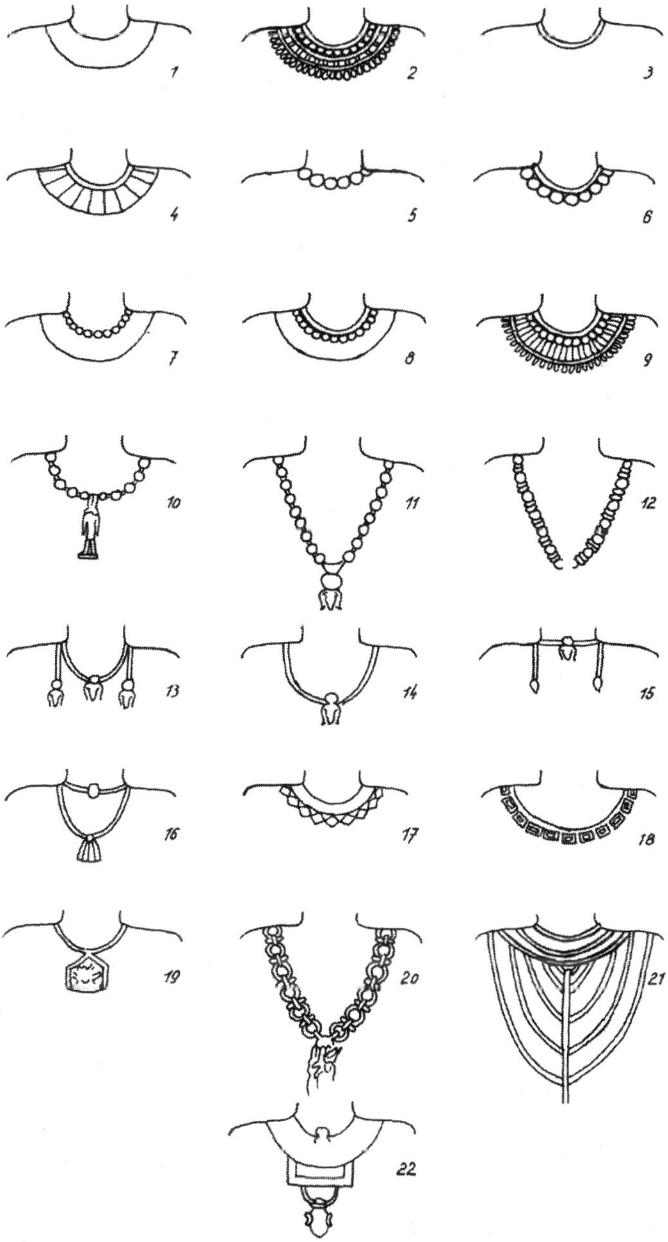

Tafel X

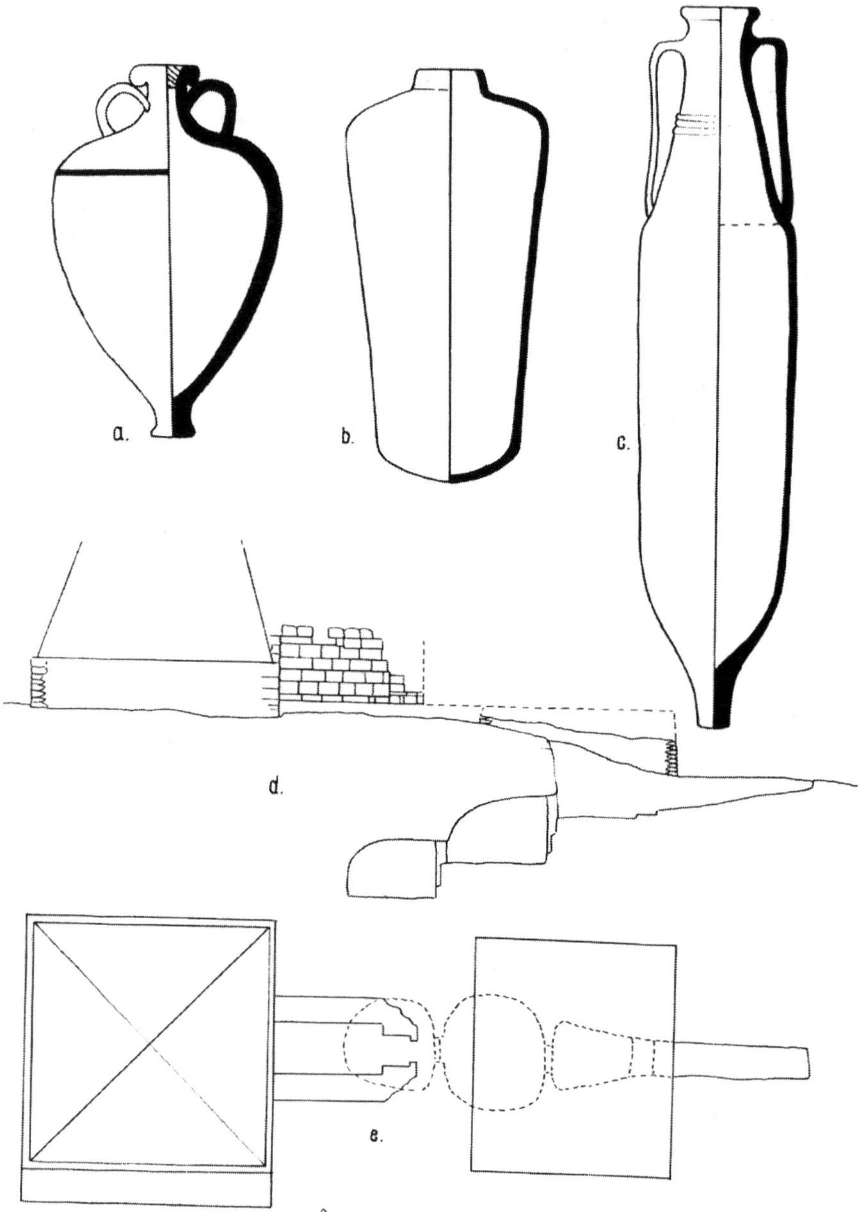

Tafel XI

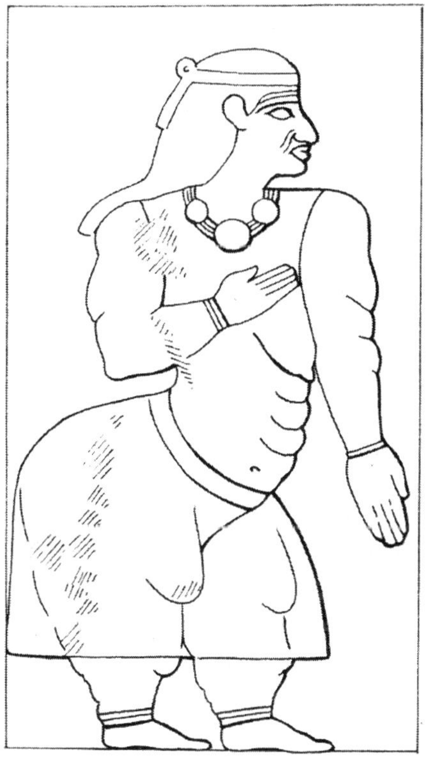

a.

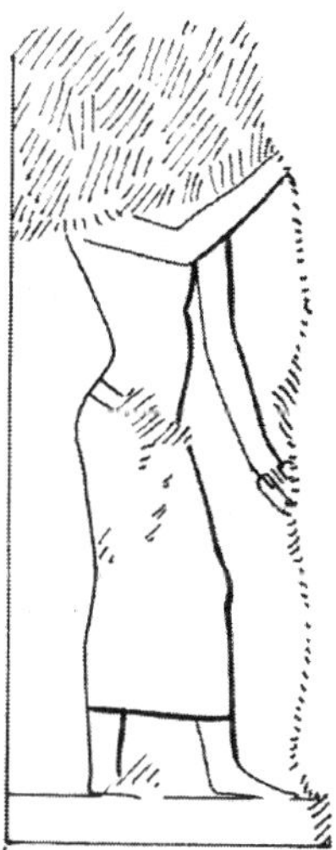

b.

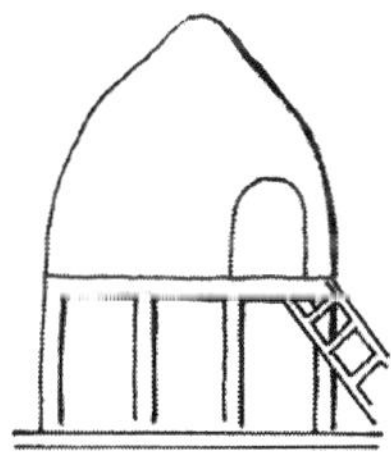

c.

d.

e.

Tafel XII

a.

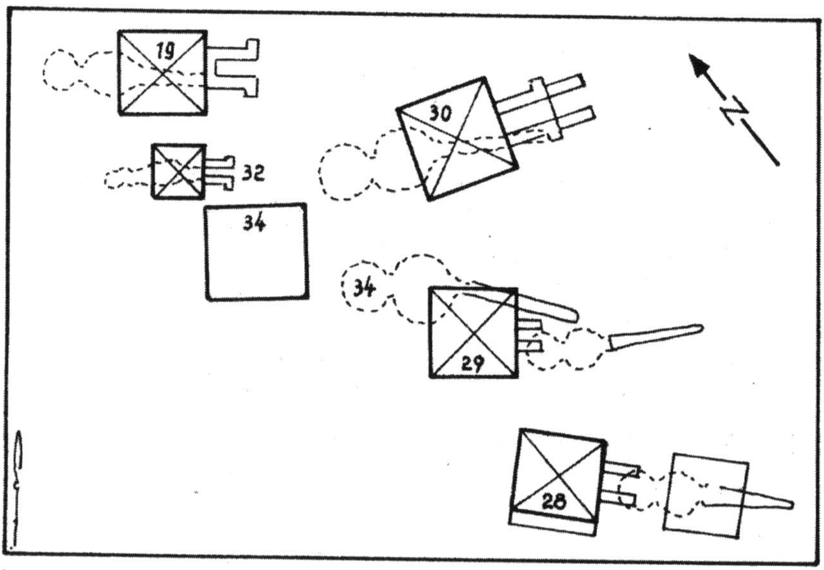

b.

Tafel XIII